실전 예제로 배우는 블렌더 애드온 활용

초판발행 2024.07.22

지은이 임준오, 박서정, 최귀동
출판/기획 프라이드 디자인

주소 인천광역시 미추홀구 방축로 312 주안j타워 2차 828호
대표전화 032-427-6390
팩스 032-428-6390
홈페이지 www.pride.or.kr
이메일 master@pride.or.kr
정가 20,000원

잘못된 책은 구입하신 곳에서 교환해 드립니다.
이 책의 저작권은 프라이드 디자인에 있으며 무단 전재나 복제는 법으로 금지되어 있습니다.

IBSN 979-11-978853-6-5

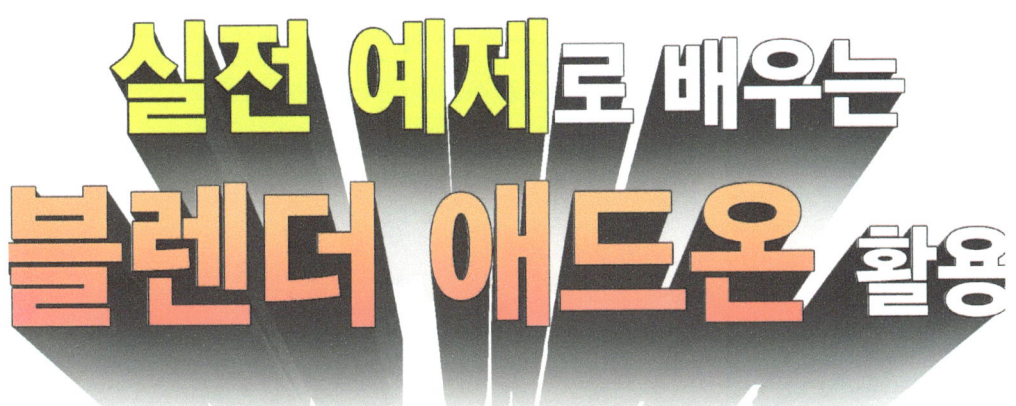

머릿말

" 블렌더의 세상에 오신 걸 진심으로 환영합니다. "

블렌더를 활용한 콘텐츠 개발에 관심을 가진 여러분께 이 책이 도움이 되기를 바랍니다

블렌더 애드온은 기본 블렌더 기능을 확장하여 더욱 강력한 도구를 제공합니다. 블렌더의 기본 기능만으로는 할 수 없는 특정 작업에 필요한 기능을 추가할 수 있고, 블렌더의 활용 범위가 크게 넓어집니다.
 또한, 애드온을 사용하면 반복적이고 시간이 많이 소요되는 작업을 자동화할 수 있고, 작업 시간을 줄여 보다 창의적이고 중요한 작업에 더 많은 시간을 할애할 수 있습니다. 이는 생산성을 크게 향상시킵니다.

앞으로의 미래에는 애드온, AI등를 적극적으로 활용해 제작하는 환경으로 변하고 있습니다. 애드온 사용에 대해 너무 부정적으로 생각할 필요는 없다고 생각합니다. 애드온을 사용하는 것은 CG 작업을 보다 효율적이고 창의적으로 만들어 주는 중요한 요소 중 하나입니다.
블렌더를 강력한 3D 창작 도구로 확장하고 작업 효율을 높일 수 있습니다.

이 책은 초보자도 쉽게 이해할 수 있는 내용부터 중급자와 고급자도 만족할 수 있는 내용까지 학습할 수 있습니다. 또한, 단순한 이론이 아닌 실제로 사용할 수 있는 예제를 통해 실전 감각을 익힐 수 있을 것입니다.

 이 교재를 통해 여러분이 블렌더 애드온의 강력한 기능을 익히고, 창의적인 프로젝트를 성공적으로 완성할 수 있기를 바랍니다. 블렌더 애드온은 여러분의 상상력을 현실로 만들어 줄 도구입니다. 이 책을 통해 많은 분이 블렌더 애드온의 무한한 가능성을 발견하고, 자신만의 독창적이고 멋진 작품을 만들어 내기를 진심으로 응원합니다.

그럼, 이제 블렌더의 세계로 함께 떠나 보겠습니다!
여러분의 학습 여정이 즐겁고 보람차기를 기원합니다.

감사합니다.

- 집필진 일동

이 책은 **블렌더 4.1** 기반으로 제작 되었습니다.

머릿말   04

01.   **Blender Kit**   10

02.   **Buildify**   24

03.   **Simple Ripple Simulation**   56

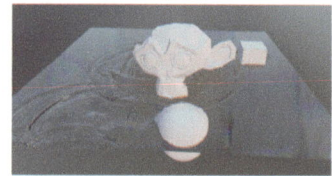

04.   **Dynamic Stylized Water**   68

05.   **RBC**   82

06. **The Plant Library**   102

07. **GScatter**   126

08. **Sky - Lab**   148

09. **F-SPY**   172

10. **Camera Shakify**   186

01
BLENDER KIT

01 Blender Kit

Blender kit은 초보자들을 위한 유용한 애드온 중 하나로 모델링, 재질 등의 복잡한 작업을 보다 쉽게 수행할 수 있습니다.

01 검색창에서 **blender kit** 또는 **블렌더키트**를 검색해줍니다.

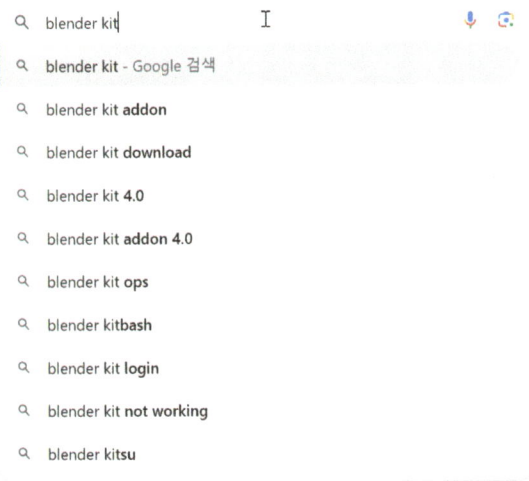

02 맨 위의 **블렌더키트 사이트(https://www.blenderkit.com)**를 눌러줍니다.

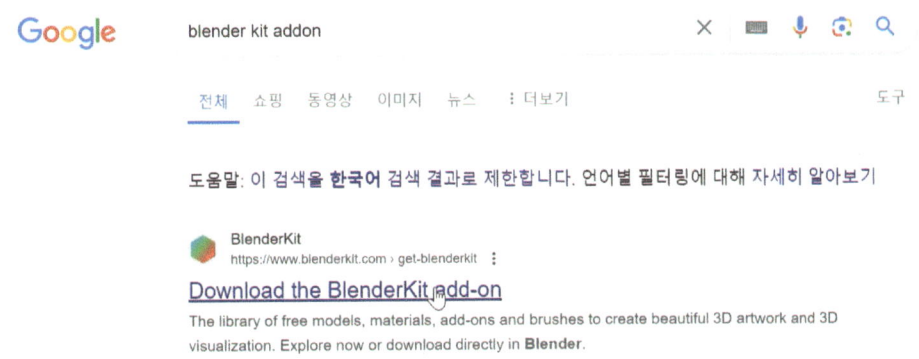

03 블렌더키트 사이트에서 [Download BlenderKit v3.12.0.240423] 를 클릭 후 다운로드가 완료되면 블렌더로 돌아갑니다.

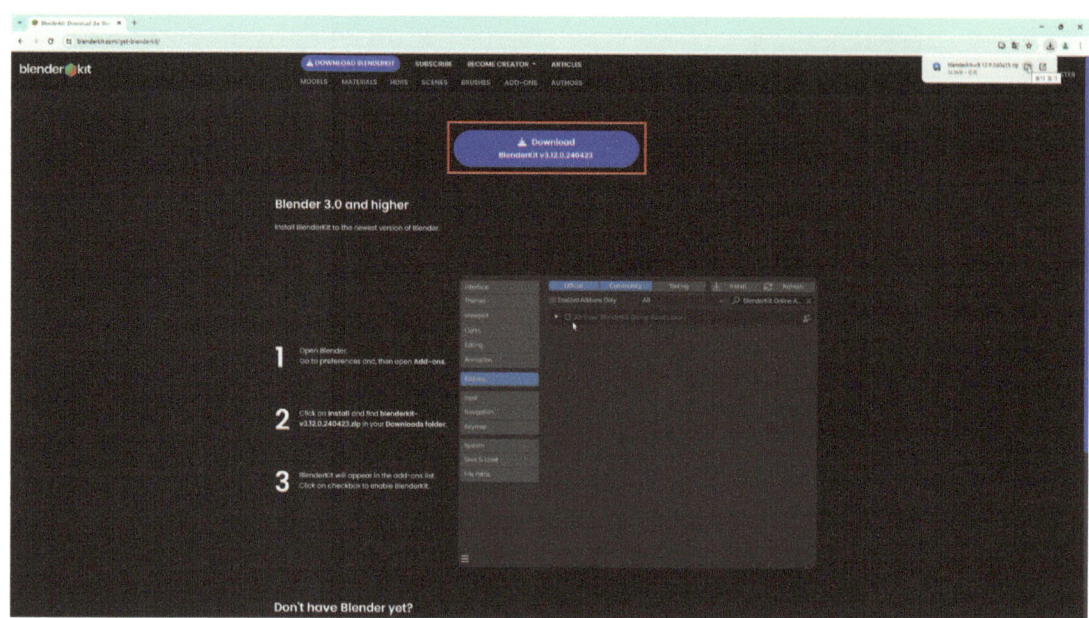

04 블렌더에서 **Edit - Preference**로 들어가줍니다.

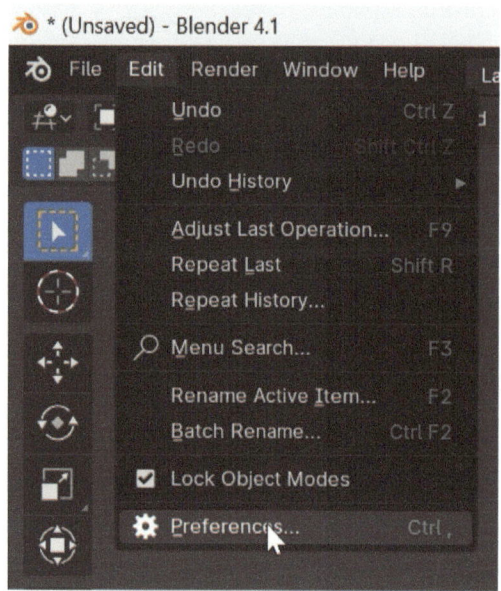

05 Add-ons에서 **Install**을 눌러줍니다.

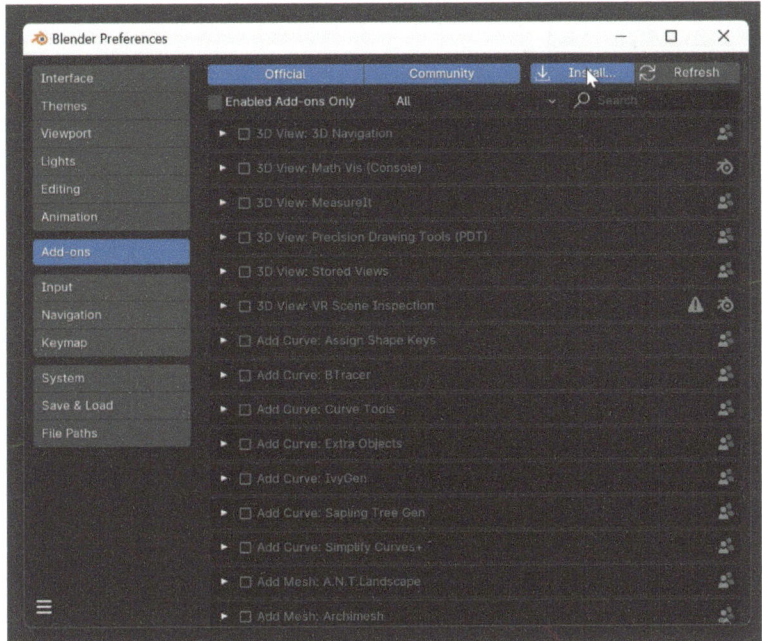

06 다운받은 blenderkit zip파일을 선택하여 **Install Add-on**을 눌러 불러옵니다.

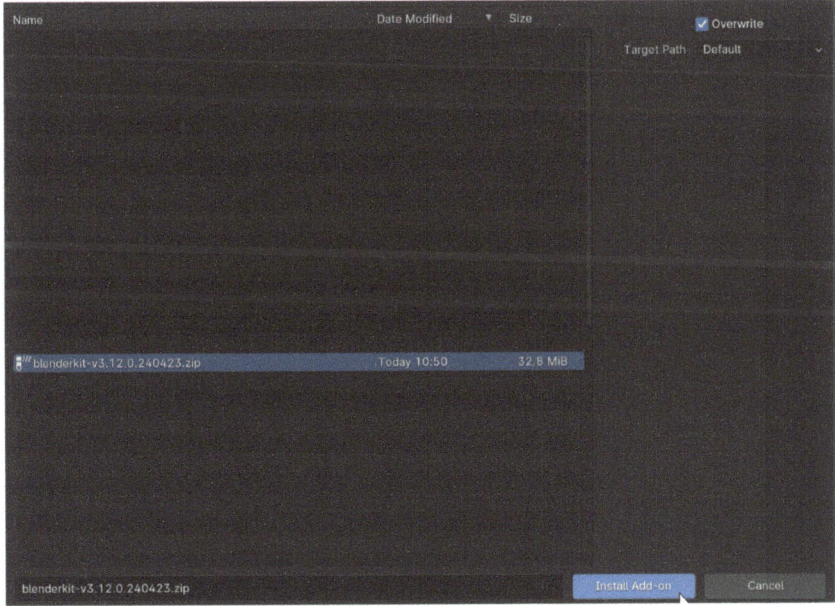

07 불러오면 Preference 창에 ▶ 3D View: BlenderKit Online Asset Library 가 나오는데 박스를 눌러 체크표시하여 해당 애드온을 활성화시켜줍니다.

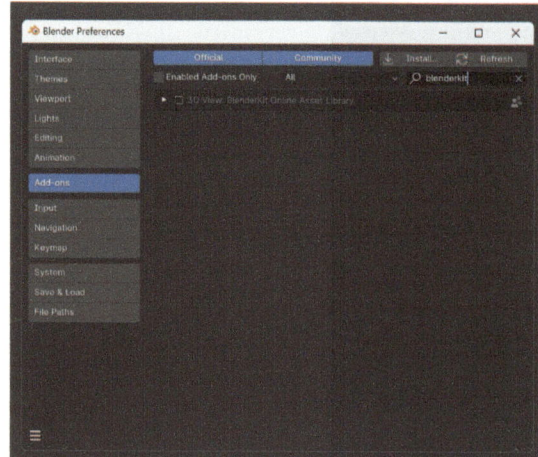
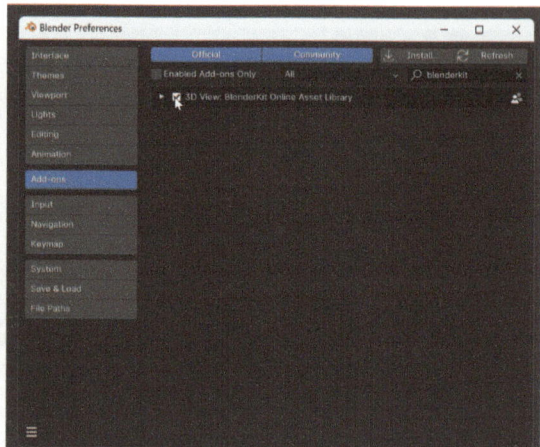

08 블렌더 키트 애드온이 활성화 되면 우측 마우스를 눌러 위 화면과 같이 나오는지 확인해줍니다.

09 블렌더 키트는 크게 5가지로 나뉘는데 마우스를 올려보면 각각 **models, materials, scenes, hdrs, brushes**라고 적혀있고 눌러보면 각각 카테고리에 맞게 나오는것을 볼 수 있습니다.

● Find Models
- 필요한 **모델링**을 찾아볼 수 있습니다.

● Find Materials
- 필요한 **재질**을 찾아볼 수 있습니다.

● Find scenes
- 필요한 **씬(카메라, 라이트등이 세팅되어있는 하나의 공간)**을 불러올 수 있습니다.

● Find HDRs
- **HDRI 이미지 파일**을 불러올 수 있습니다.
-> HDRI 이미지를 Scene에 불러옴으로써 라이팅을 보다 쉽게 사용할 수 있습니다.
-> 라이팅 뿐만 아니라 배경으로도 활용할 수 있습니다.

● Find brushes
- 필요한 **브러쉬**를 찾아볼 수 있습니다.

만약 누르거나 찾아도 보이지 않으면 눈 모양이 감겨있는지 확인한 후 눈 아이콘을 뜨게 만들어주면 됩니다.

10 각 카테고리를 예시를 들어 하나씩 살펴보겠습니다.
Find Models의 검색창에 원하는 모델링을 검색합니다. ex) car

오른쪽 차처럼 잠금모양이 있으면 구매 후 사용가능합니다.
무료로 이용은 잠금모양이 없는 모델링으로 골라 사용하면 됩니다.

11 원하는 모델링을 선택한 후 **Scene view**로 **드래그**하여 모델을 가져옵니다.
드래그하여 모델을 가져다놓으면 **초록색으로 라인**이 표시되면서 모델링이 생성됩니다.

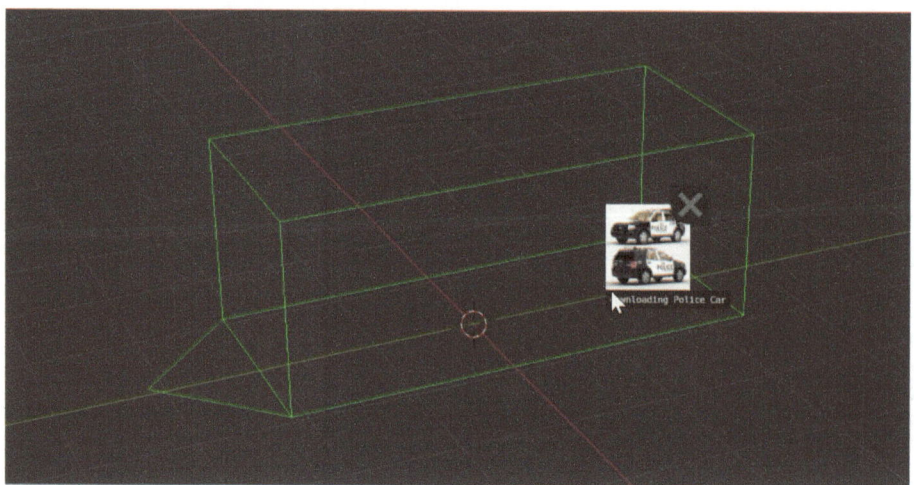

12 모델링에 따라 용량이 무거울수록 불러오는데 시간이 걸릴 수 있습니다.
다 불러와지면 아래와 같이 완성형 모델링을 사용할 수 있습니다.

13 **Find Material**은 재질을 불러오는것이므로 일단 큐브를 불러오겠습니다.

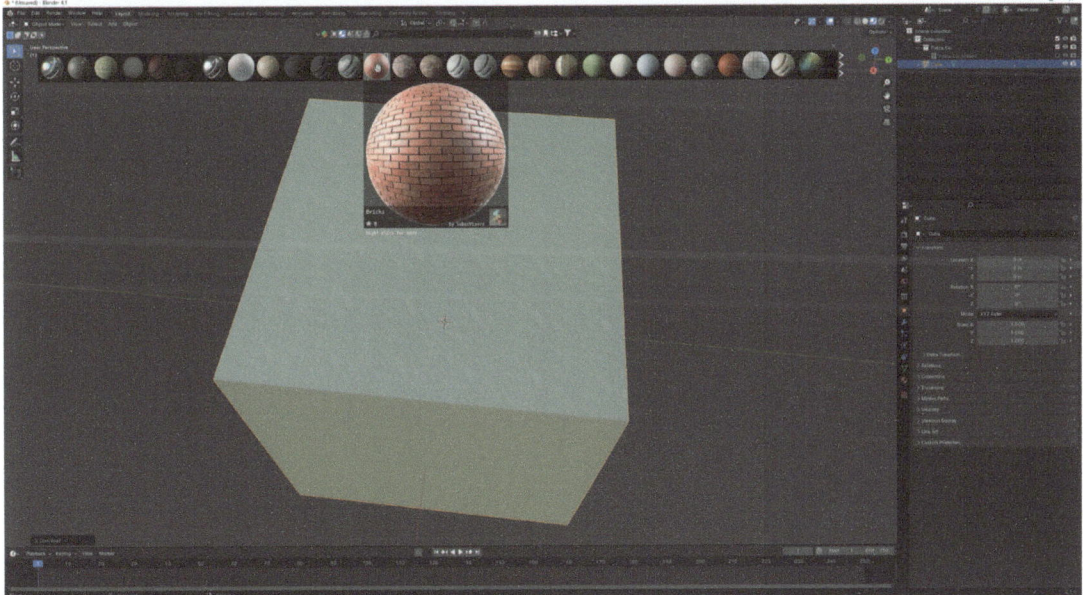

14 material을 선택 후 가져온 큐브에 드래그해줍니다.

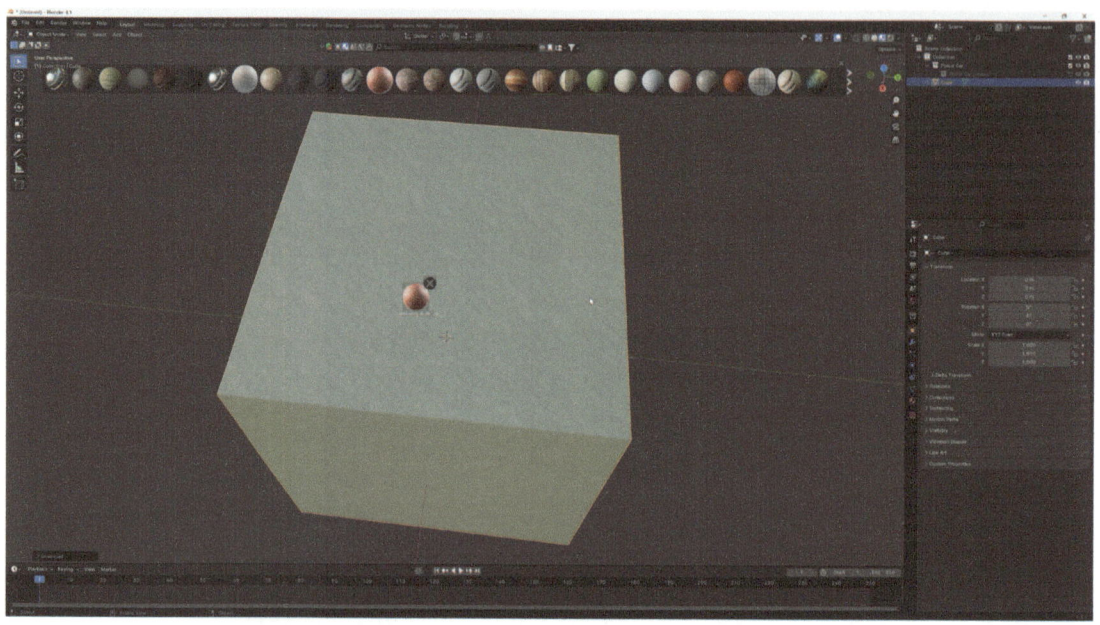

15 그러면 원하는 재질이 잘 입혀지는것을 확인할 수 있습니다.

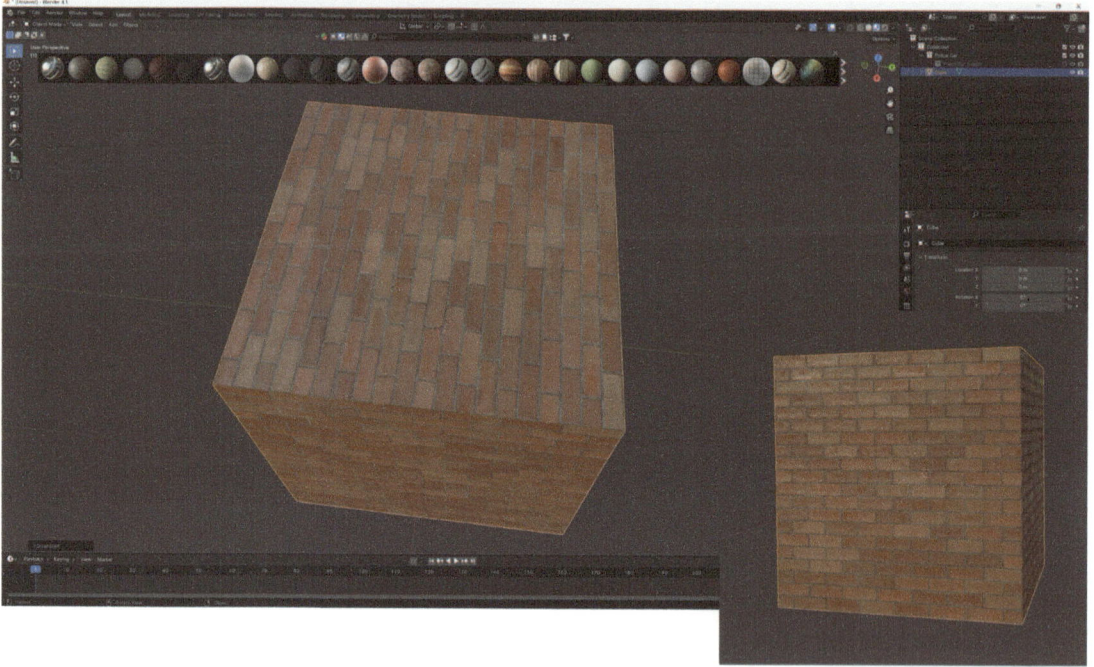

16 Find Scenes에서는 모델링들이 배치되어있는 하나의 scene을 불러올 수 있습니다.
Scene을 선택 후 드래그하면 download창이 나타나는데 OK를 눌러주면 됩니다.

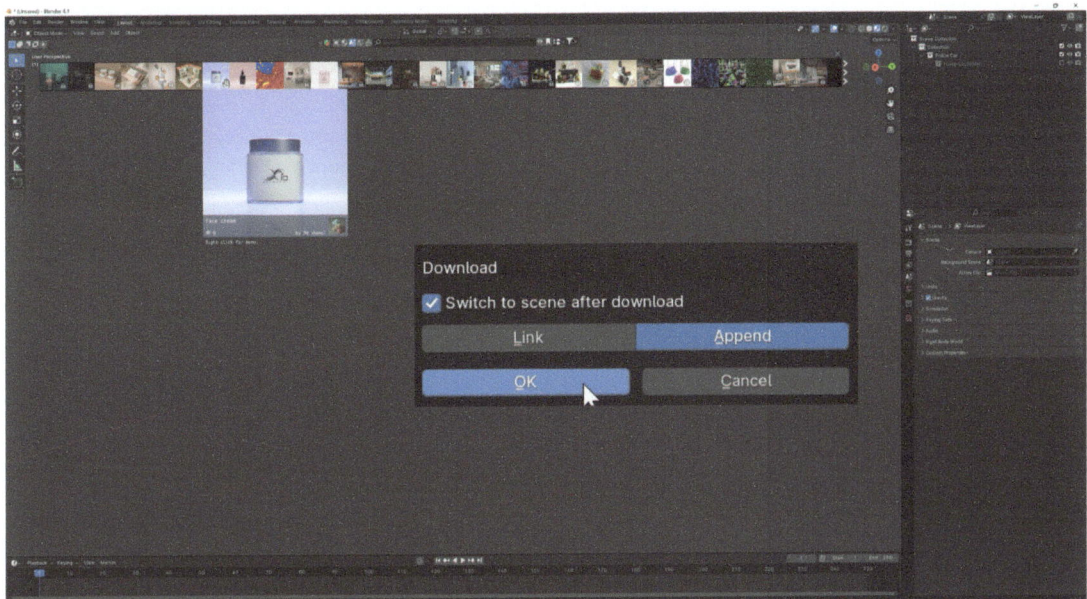

17 Modeling, Light, camera, background가 세팅되어있는 하나의 Scene을 불러올 수 있습니다.

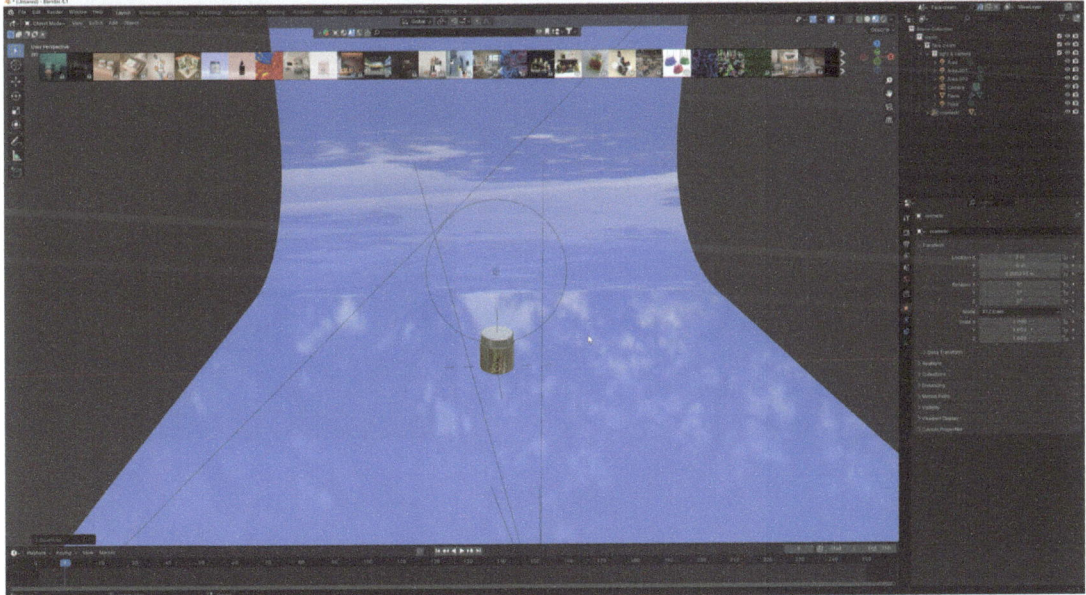

18 Camera view(넘버패드 0번)을 눌러주면 세팅된 camera view를 볼 수 있습니다.
Rendered view로 전환시켜줍니다.

19 Camera view로 보게되면 Find Scene에서의 이미지와 동일한 Scene을 렌더링할 수 있습니다.

20 Find HDRs에서 HDRI이미지를 불러올 수 있습니다. HDRI를 선택한 후 Scene view로 드래그하면 Download창이 나타나는데 **해상도**를 선택하고 **OK**를 눌러주면 HDRI 이미지를 불러올 수 있습니다.

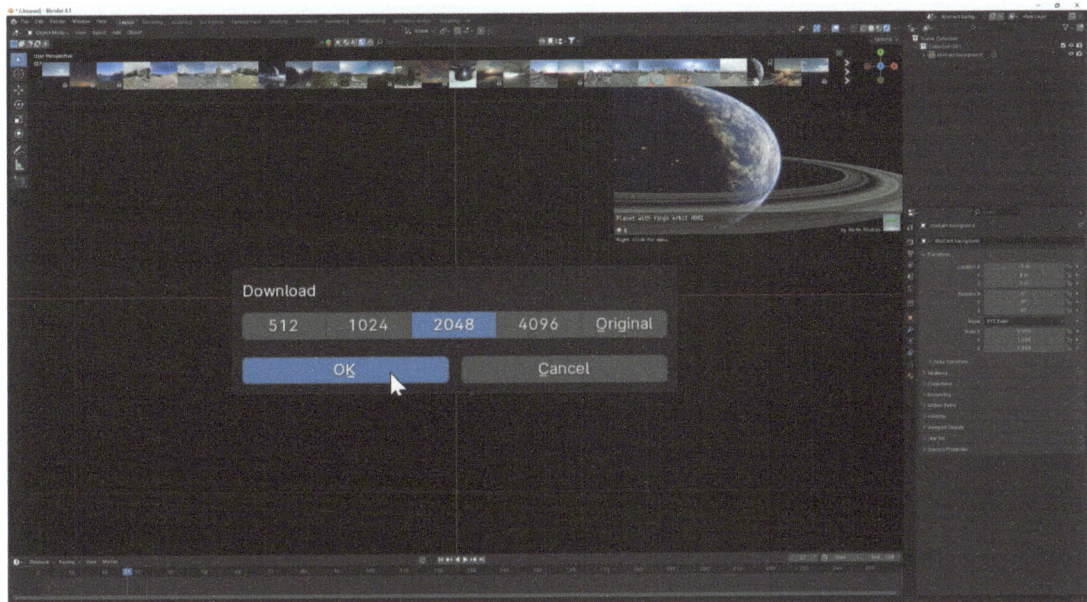

21 불러오게 되면 아래 사진과 같이 **배경**으로 활용하거나 **Light**로 활용할 수 있습니다.

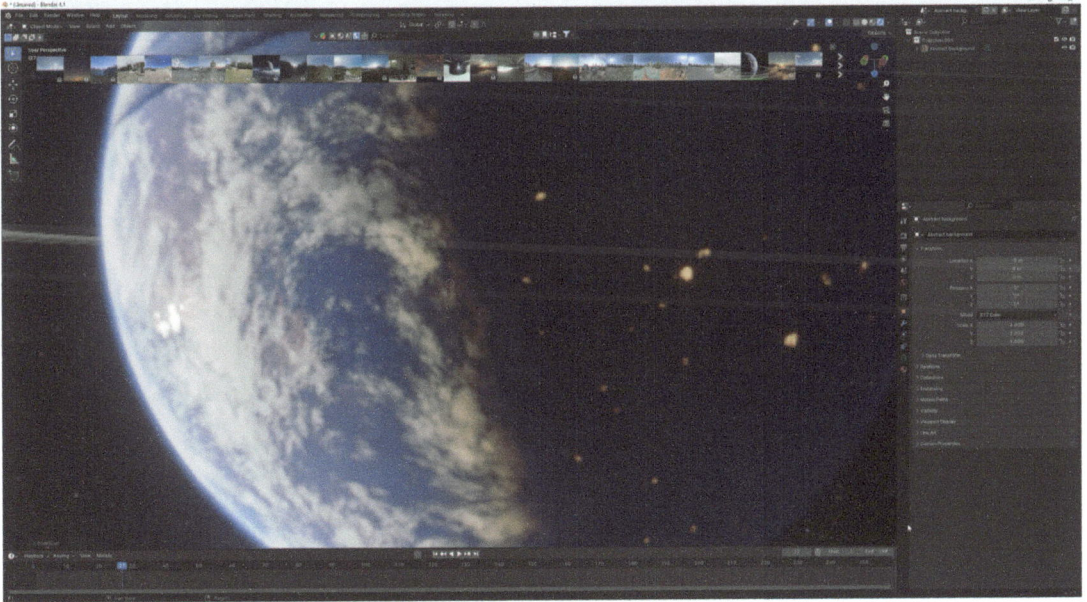

02
BUILDIFY

02 Buildify

Buildify Addon은 모듈식 건물을 만드는데 도움이 되는 모듈식 지오메트리 노드 라이브러리입니다.

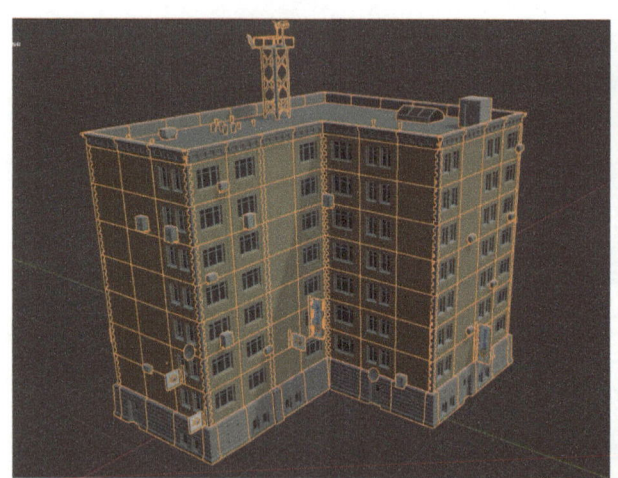

01 다운로드 하는 방법은 간단합니다. **https://paveloliva.gumroad.com/l/buildify** 사이트에 들어간 후 Name a fair price에 $0을 입력한 후 I Want this! 버튼을 클릭하면 됩니다.

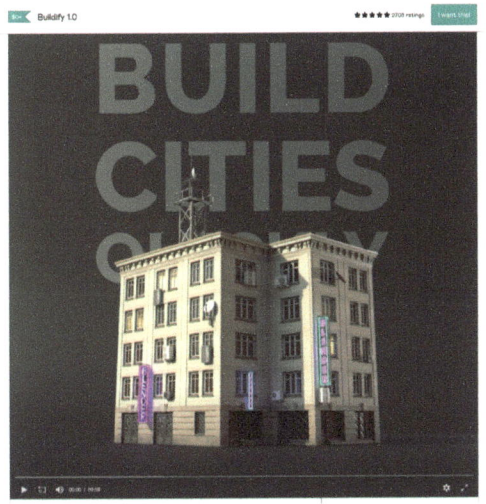
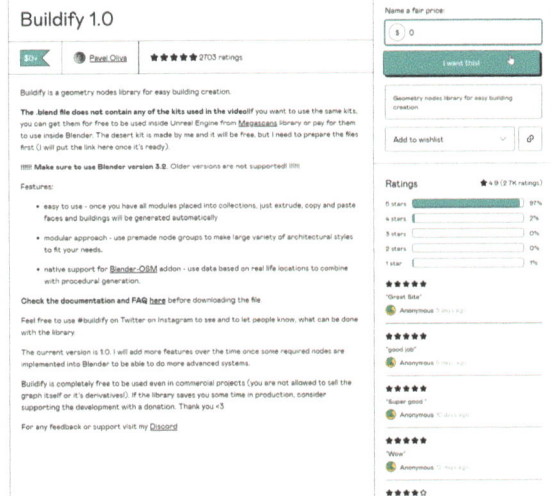

02 Checkout창이 나타나면 Email address창에 이메일을 입력한 후 Get 버튼을 클릭하면 됩니다.

03 그러면 다운로드 받을 수 있는 창이 나타납니다. **buildify_1.0 BLENDER파일**을 Download 해줍니다.

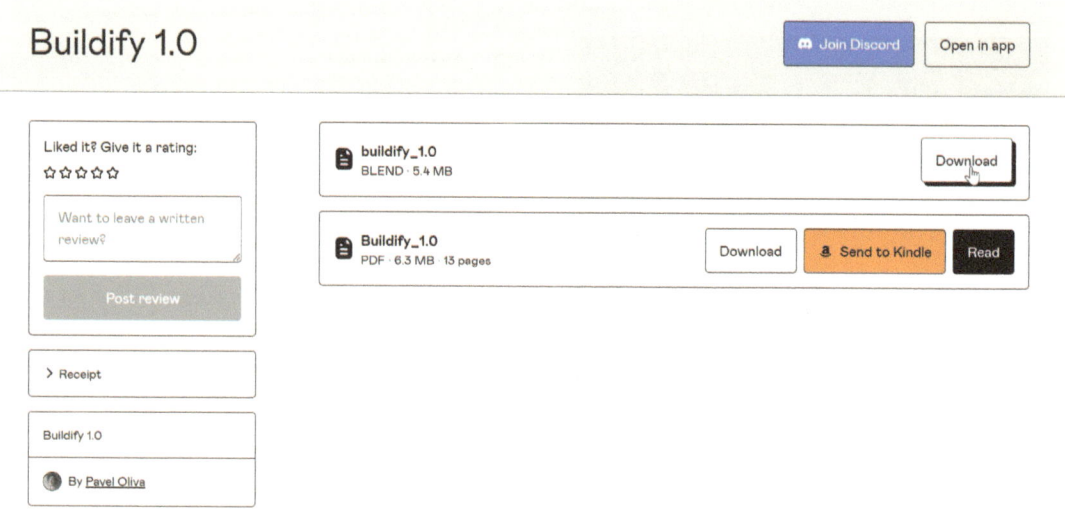

04 다운로드 받은 buildify 파일을 실행합니다. 사진과 같이 건물과 노드들이 이미 배치되어있는 상태를 볼 수 있습니다.

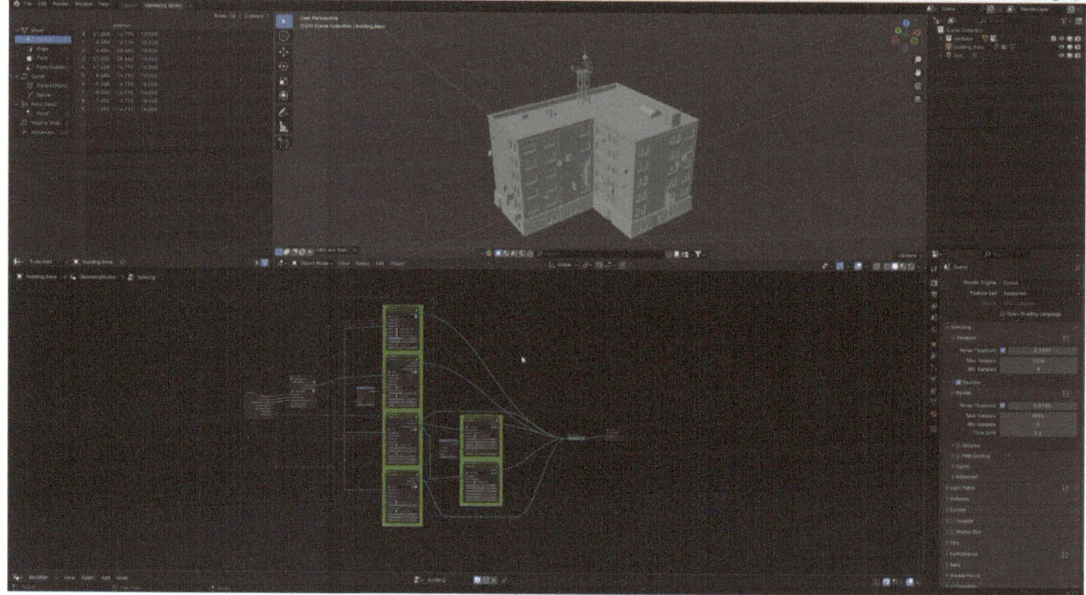

05 Material Preview로 보면 건물에 texture가 들어가있는 상태입니다.
Layer에서 building_base를 선택하고 Modifiers탭으로 이동하면 건물들을 조정할 수 있는 옵션을 볼 수 있습니다.

*Min/Max number of floors로 건물의 높이를 결정할 수 있습니다.
*Module width/height로 모듈의 두께와 높이를 결정할 수 있습니다.

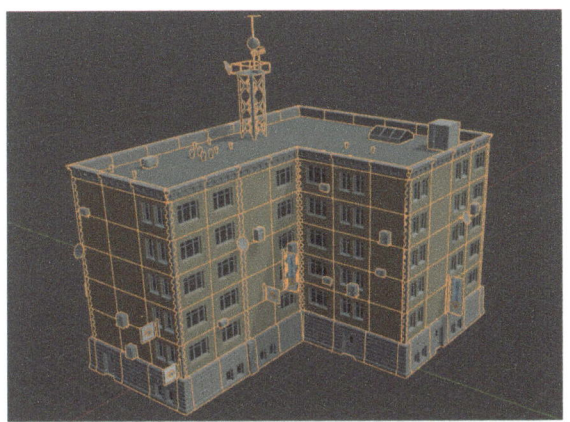 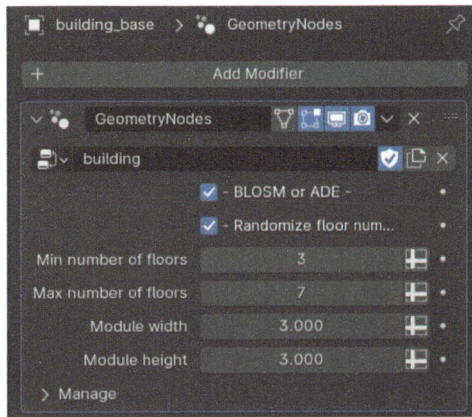

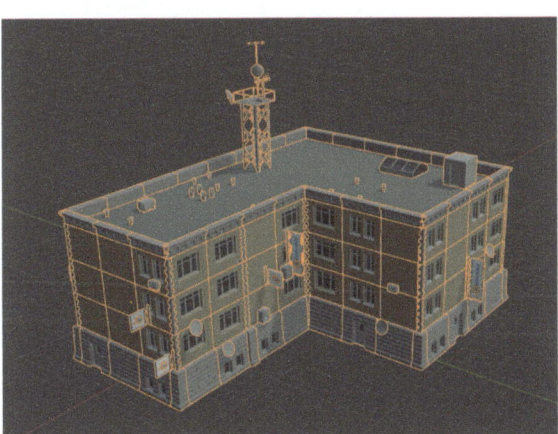 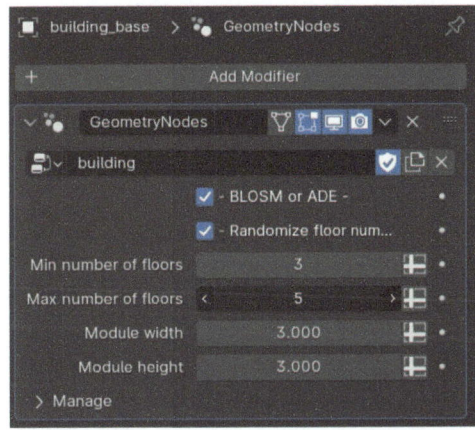

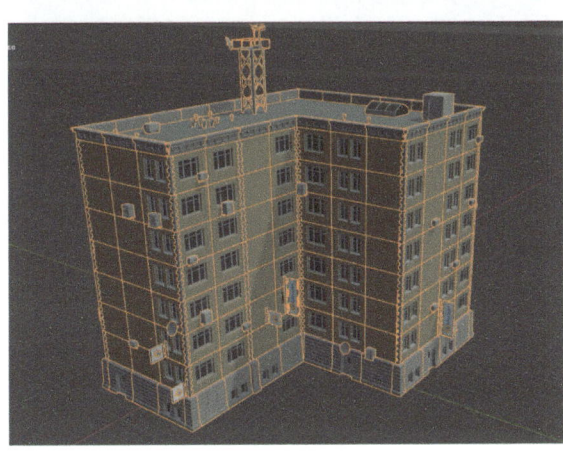 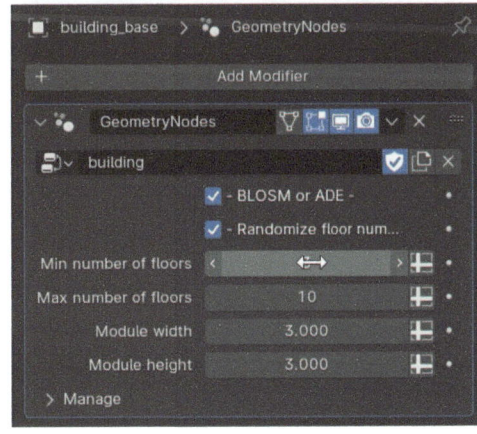

06 **건물의 사이즈**도 마음껏 조절할 수 있습니다.
Edit Mode에서 선 선택으로 건물의 바닥이 되는 선을 선택 후 **extrude**로 돌출시켜주면 건물이 돌출된 만큼 확장된 것을 볼 수 있습니다.

*모듈화 방식이기 때문에 건물이 확장되면 모듈(벽,간판,문 등)이 랜덤으로 배치되면서 확장하는것을 볼 수 있습니다.

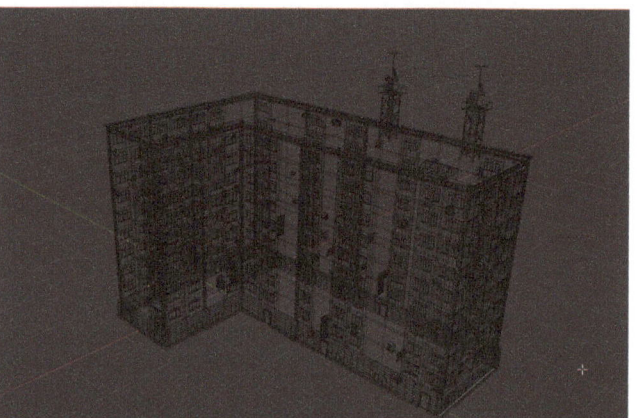

07 Edit Mode에서 선을 선택하여 **scale을 조절**하여 **건물의 두께**도 조절할 수 있습니다.

08 건물의 모듈을 조절하는 방법을 알려드리겠습니다.
Geometry Nodes workspace로 이동하면 모듈을 조절하는 노드들을 볼 수 있습니다.
여기서 **각각의 노드의 Seed를 조절**하게 되면 그에 맞는 모듈이 랜덤적으로 바뀌게 됩니다.

09 Wall props노드의 Collection에 details_other_floor이 들어있는 Seed를 조절하게 되면 **건물 벽에 배치되어있는 간판을 제외한 부품들(실외기)을 랜덤적**으로 배치시켜 줍니다.

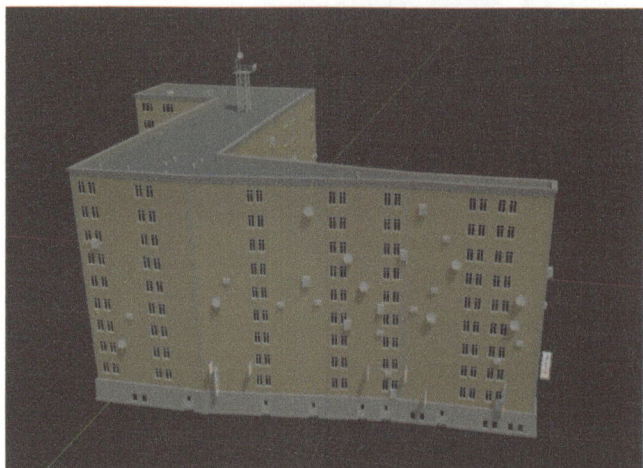 

10 Wall props노드의 Collection에 details_first_floor이 들어있는 Seed를 조절하게 되면 **건물 벽에 배치되어있는 간판을 랜덤적**으로 배치시켜줍니다.

11 Ground floor노드의 Seed를 조절하게 되면 **1층의 벽을 랜덤적**으로 배치시켜줍니다.

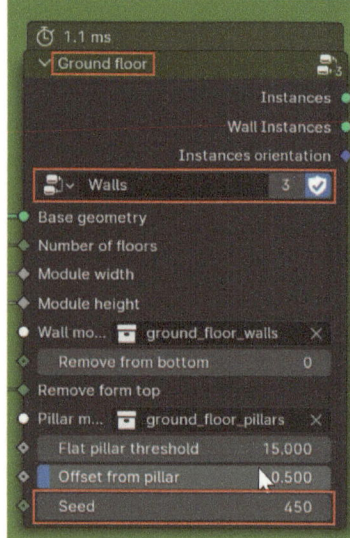

12 Middle floors노드의 Seed를 조절하게 되면 **1층과 옥상 사이의 건물을 랜덤적**으로 배치시켜줍니다.

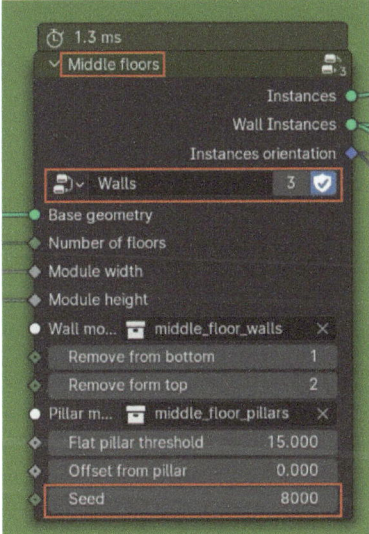

13 Flat roof노드의 Seed를 조절하게 되면 **옥상의 건물들을 랜덤적**으로 배치시켜줍니다.

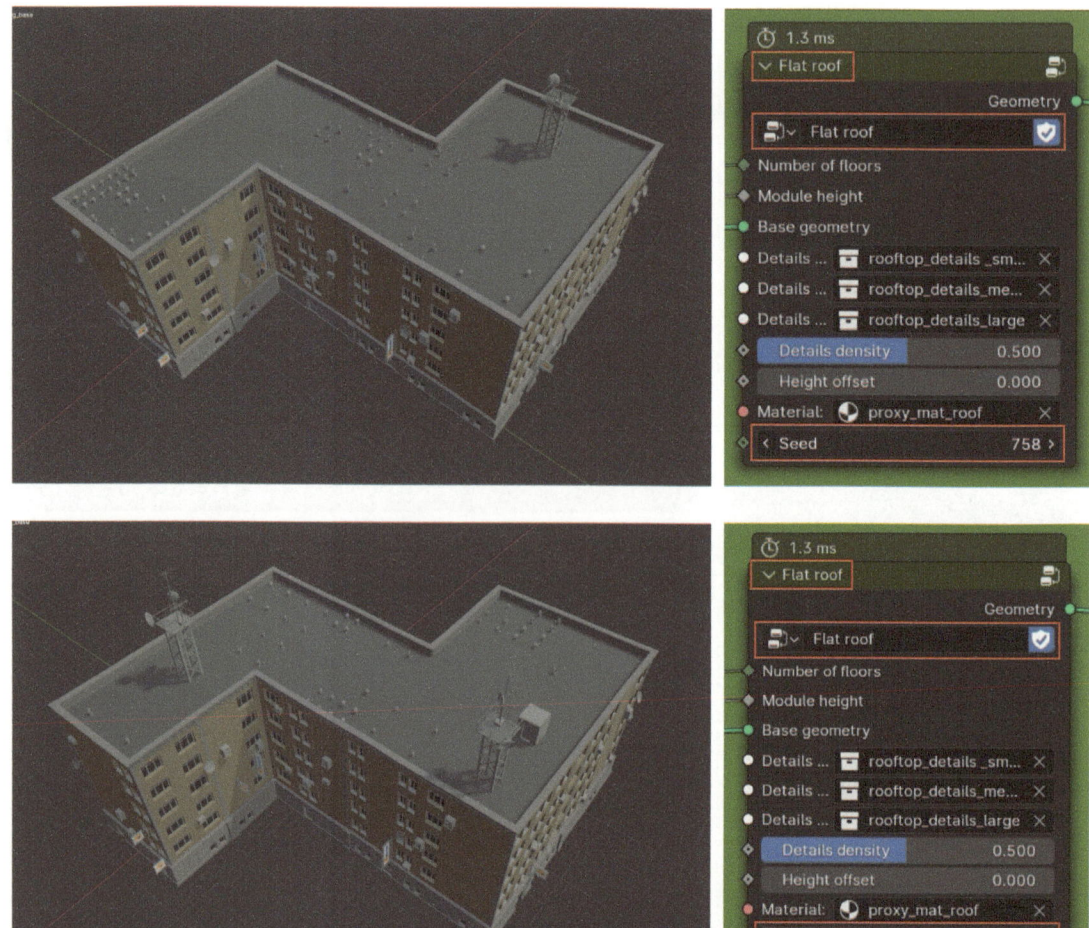

14 원하는 오브젝트에 건물을 배치시킬수도 있습니다.
Plane오브젝트를 불러옵니다. -> Modifiers탭으로 이동하여 Add Modifier클릭 - Geometry Nodes클릭 -> New클릭 -> **F building**으로 변경

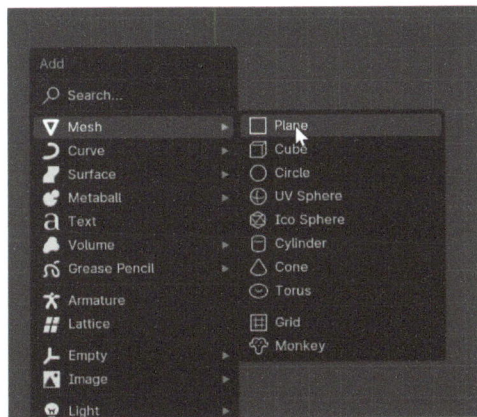

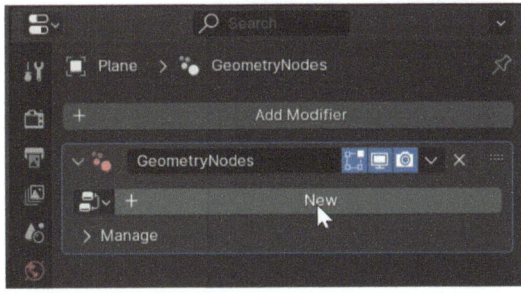
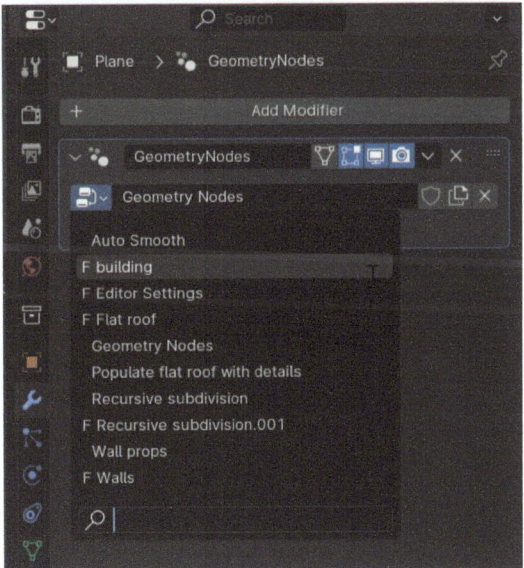

15 Plane에 맞게 건물이 배치되는것을 볼 수 있습니다.

16 Plane크기에 비해 건물이 너무 크기 때문에 Edit Mode에서 Plane의 선을 선택하여 이동시켜주면 됩니다.

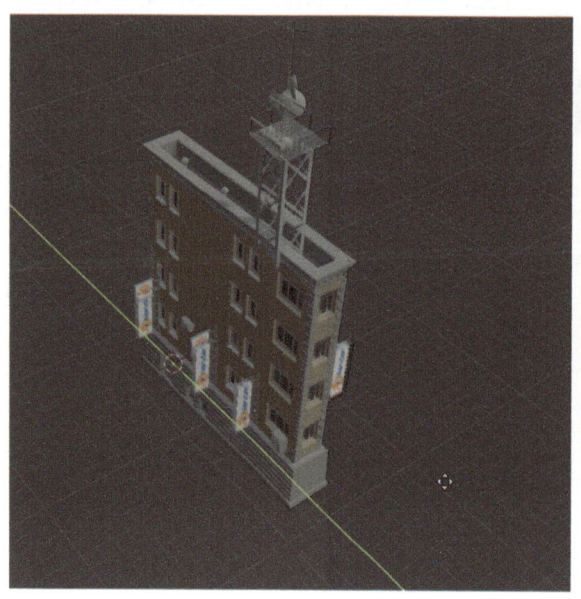
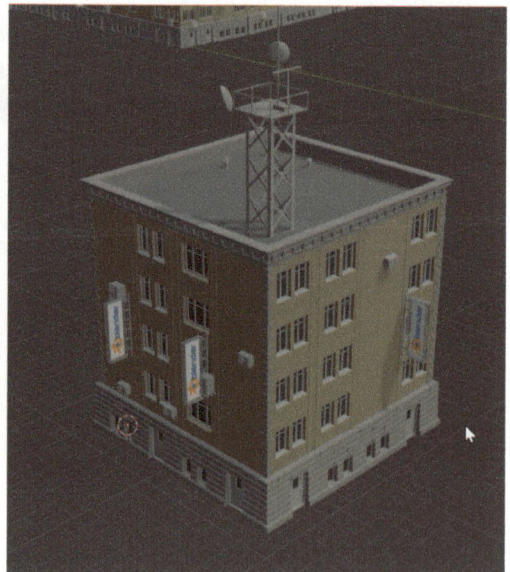

17 모듈이 되는 오브젝트를 수정하여 건물에 반영해보도록 하겠습니다. 간단하게 건물에 색을 입혀주어서 수정이 되는지 확인해보겠습니다.

모듈이 되는 오브젝트를 보는 방법은 Layer에서 building_base을 선택해줍니다. -> Modifiers탭으로 이동하여 Geometry Nodes의 **Realtime 버튼을 해제**해주면 됩니다.

*Realtime 버튼을 해제하면 모듈화된 건물은 사라지게 되고 모듈이 되는 오브젝트만 보여지게 됩니다.

Layer에서 **Modules group**을 보면 건물의 어느 부분에 어떤 오브젝트가 모듈로 사용되었는지 볼 수 있습니다.

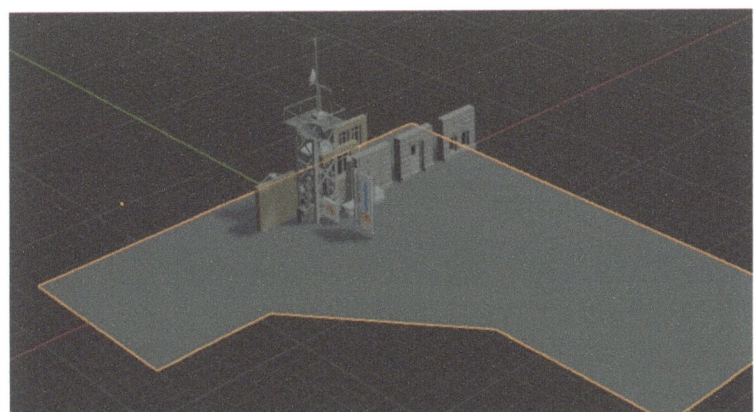

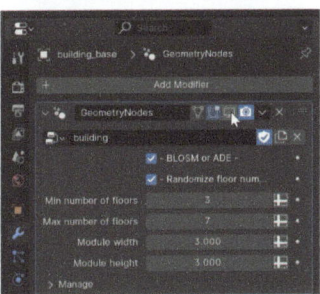

18 건물의 1층에 해당하는 모듈의 색을 한번 바꿔보도록 하겠습니다.

modules - ground_floor - ground_floor_wall.02 layer를 복사해줍니다.
-> Edit Mode에서 원하는 부위를 면으로 선택하여 다른색으로 바꿔줍니다.
-> 모듈이 수정이 다 되었다면 building_base - Geometry Nodes의 Realtime 버튼을 클릭하여 실행시켜주면 건물이 보이게 됩니다.

*색이 변경된 모듈 벽이 추가되어 랜덤적으로 배치된것을 볼 수 있습니다.

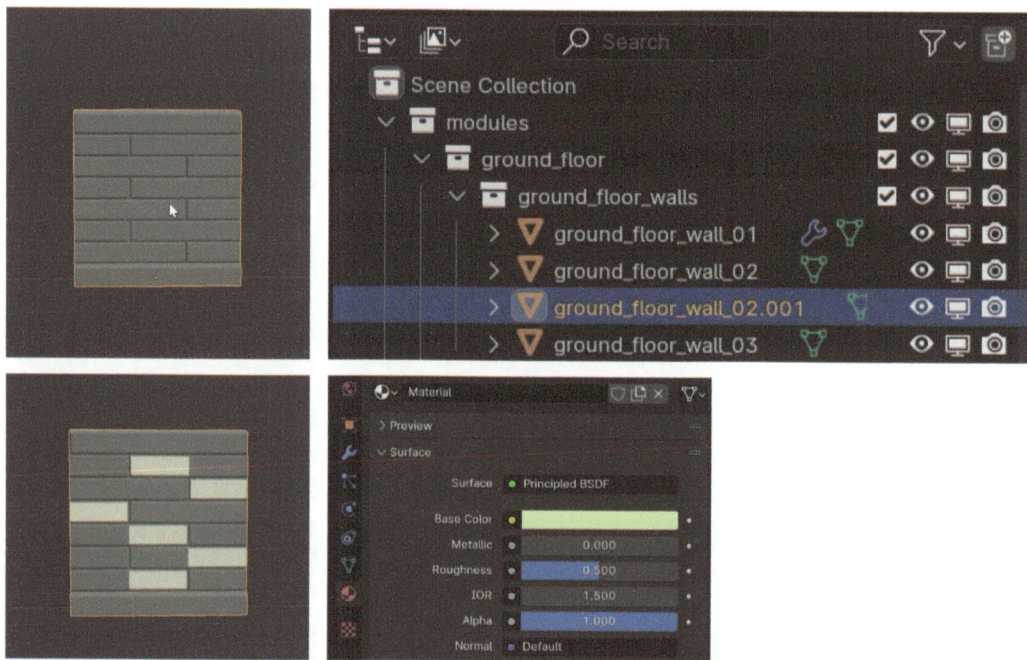

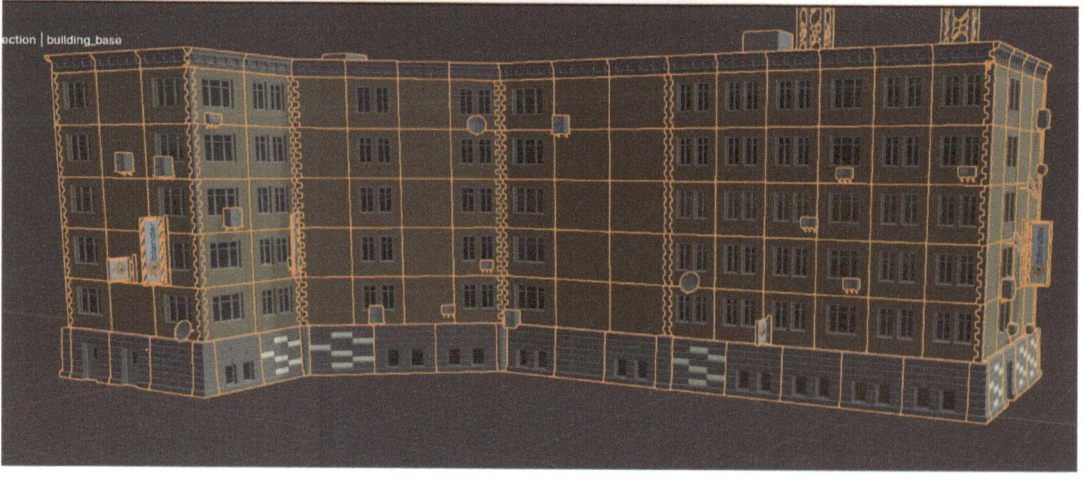

19 이번에는 모듈을 다른 모델링으로 변경하는 방법을 알려드리겠습니다.
모델링은 **Quixel Megascans**에서 다운로드해줍니다.

https://quixel.com/megascans/collections?category=environment&category=urban&category=neo-baroque-modular-building

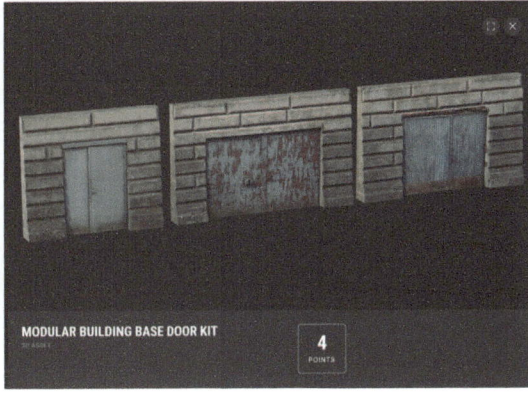

20 Quixel Megascans에서 다운로드 받은 벽을 불러와서 texture를 입혀줍니다.

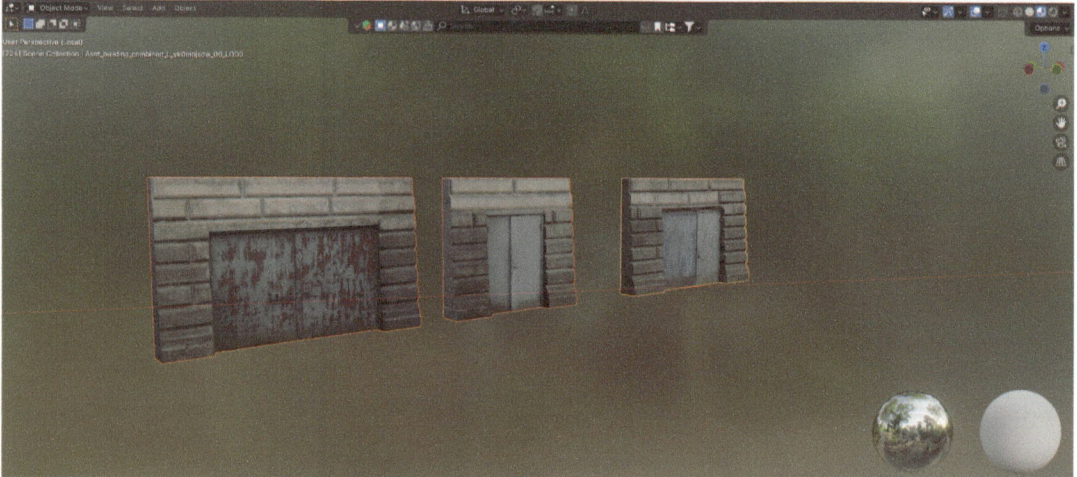

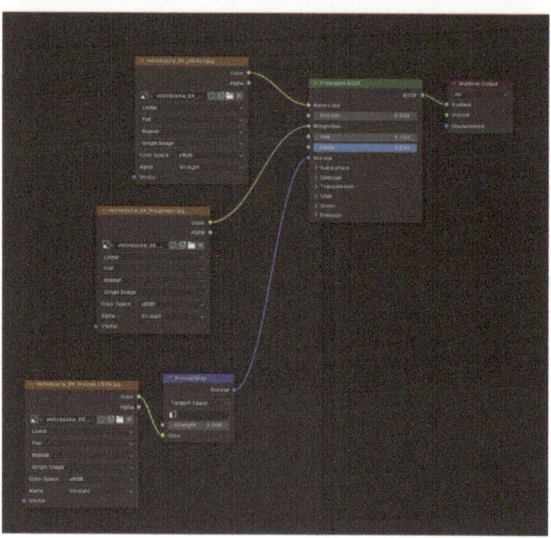

21 ground_floor_walls group에 들어있는 오브젝트들과 import한 벽들을 선택하고 /를 눌러 선택한 오브젝트만 보이게 합니다.
오브젝트가 모듈이 되기 위해서는 modules group의 원하는 layer에 들어가있어야 합니다.
-> 벽 오브젝트 하나를 선택하여 ground_floor_walls group안에 드래그 드롭합니다.
*기존에 들어있던 오브젝트들은 지우지 말고 밖으로 내보냅니다.

 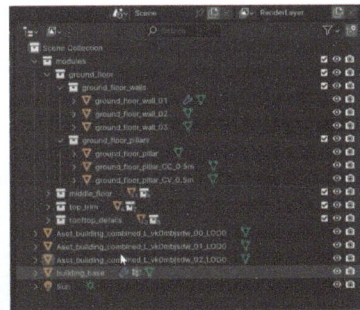

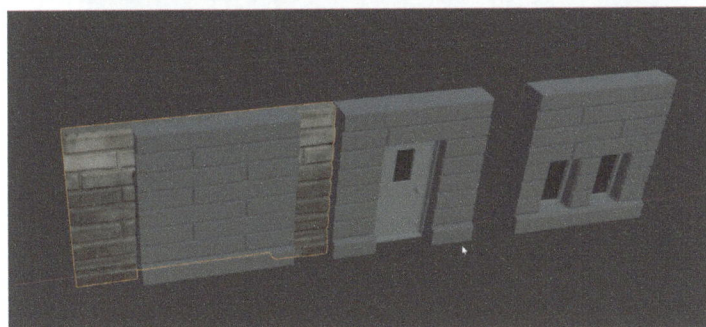 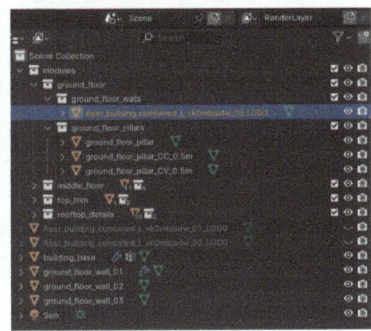

22 벽 오브젝트의 **Transform, Rotation, Scale**의 값을 초기화시켜주어야 합니다.
-> 오브젝트를 선택하고 ctrl + A - Location, Roation, Scale을 각각 클릭하여 초기화시켜줍니다.

*All Transform으로 한번에 초기화시켜 주어도 됩니다.
*모듈에 사용되는 오브젝트를 초기화시켜주지 않으면 원하는 위치에 모듈이 배치되지 않게 됩니다.

 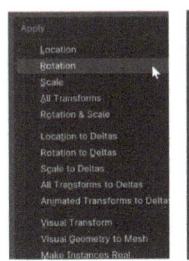 

23 **단축키 /**를 통해 선택한 오브젝트만 보여주는 기능을 해제하여 모듈화 된 건물을 봅니다.
모듈에 사용되는 오브젝트를 초기화 시켜주었는데도 위치가 이상하게 배치되어있는것을 볼 수 있습니다.
-> Layer에서 모듈 벽을 선택하고 Location.X로 조금씩 이동하고 초기화하면서 위치를 잡아줍니다.
 *Location.X로 이동해도 바로 수정되지 않습니다. Ctrl + A로 Location을 초기화 시켜주면 수정된것을 볼 수 있습니다.
 -> 이 방법을 반복하여 위치를 잡아주면 됩니다.
 -> 배치를 하였는데 크기가 큰 것 같으면 Scale.x를 조절해주면 됩니다. 역시 Location.X를 조절한것과 동일하게 초기화를 해주어야 합니다.

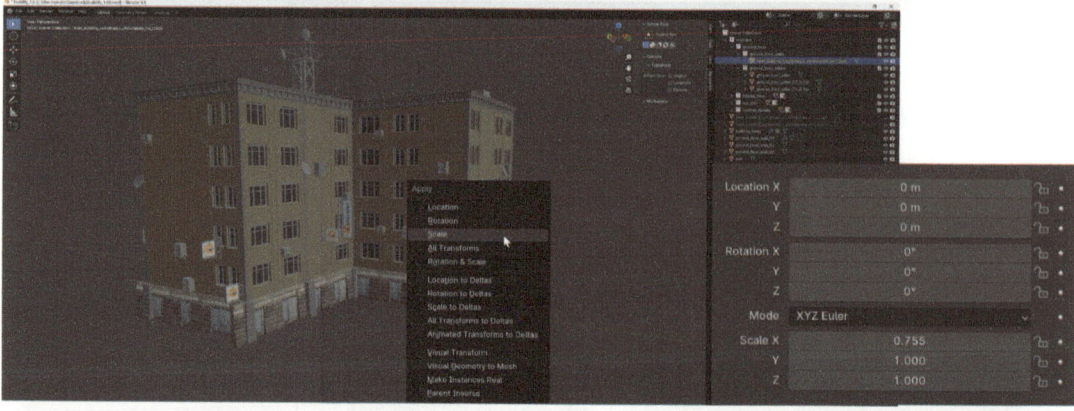

24 두번째 벽 오브젝트를 ground_floor_walls group에 드래그 드롭합니다.
위치와 크기를 전에 배치한 벽에 맞게 맞추어주면 됩니다.
*전에 모듈벽의 위치와 크기를 맞게 배치하였다면 두번째에 배치하는 모듈벽은 똑같은 위치와 크기를 맞춰주기만 하면 됩니다.
*기존에 들어있던 오브젝트들은 지우지 말고 밖으로 내보냅니다.

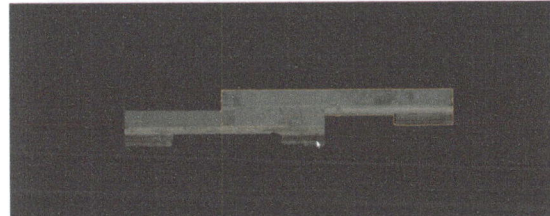
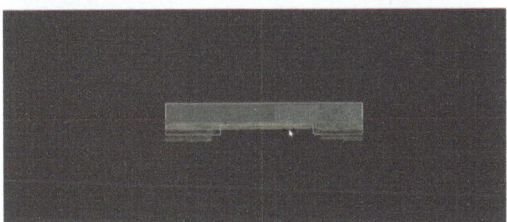

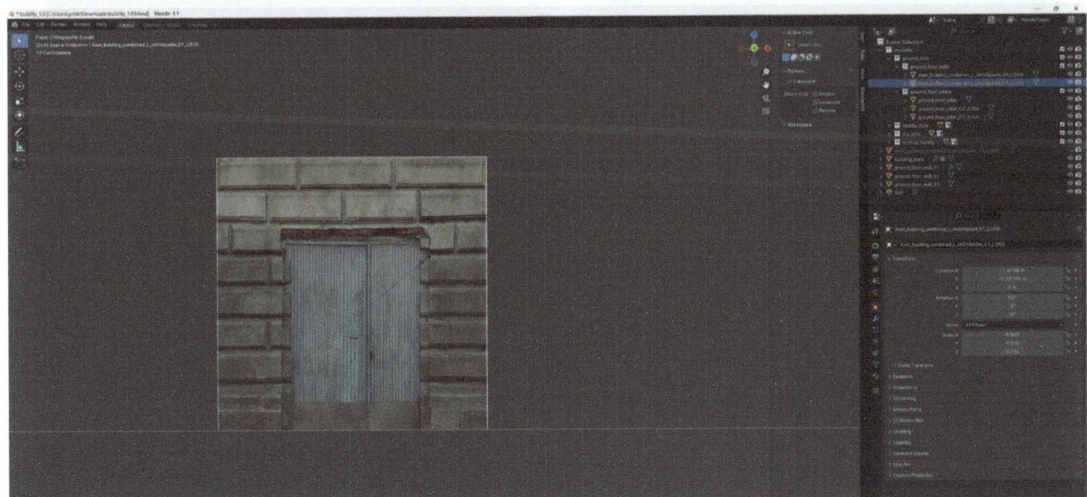

25

세번째 벽도 동일하게 작업해주면 됩니다.
ground_floor_walls group에 드래그 드롭하고 전에 배치한 벽을 참고하여 위치와 스케일을 조정하면 됩니다.
*초기화는 반드시 해주어야 합니다.

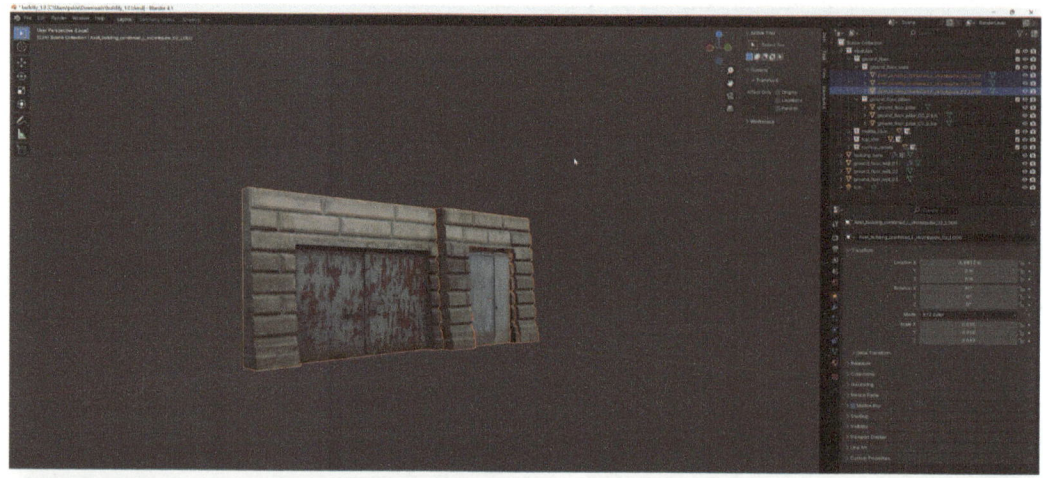

26 모서리 벽을 바꿔주도록 하겠습니다.
모서리 벽에 해당하는 오브젝트를 import한 후 texture를 입혀줍니다.

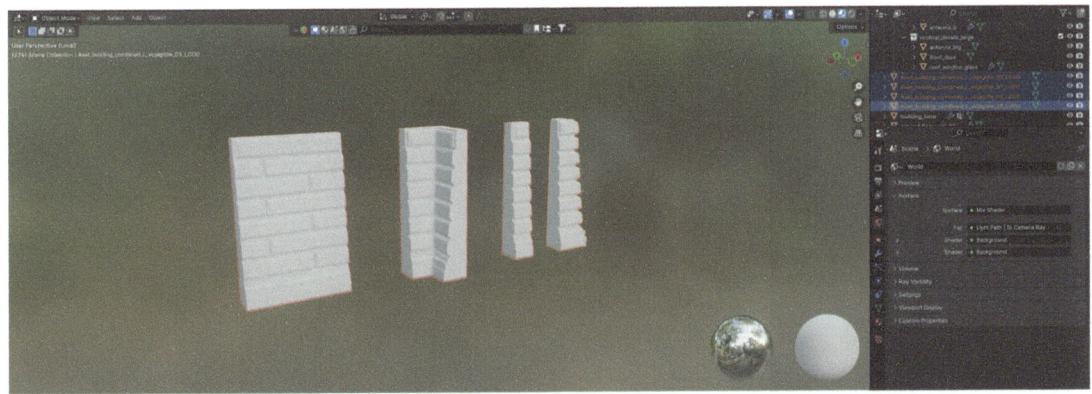

 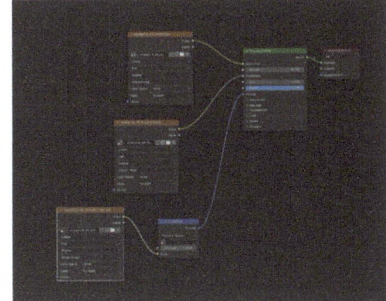

27 모서리는 ground_floor_pillars group안에 모델링을 드래그 드롭해주어야 합니다.

28 바깥쪽 코너 모서리를 바꿔주겠습니다.
기존에 사용된 모듈 오브젝트의 스케일을 참고하여 조정한 후 초기화시켜줍니다.

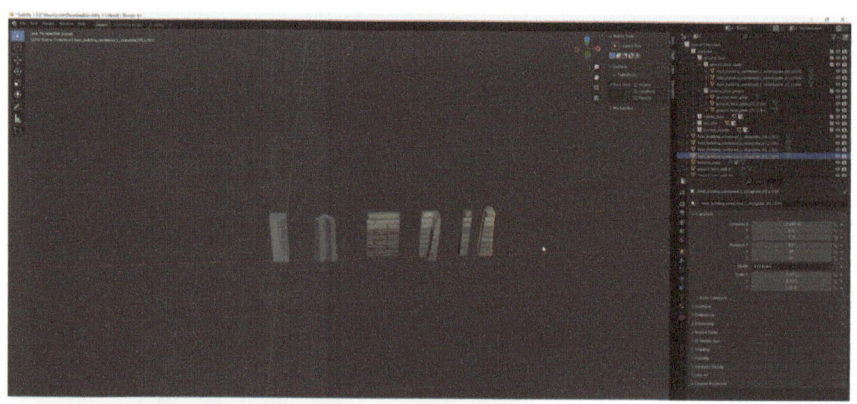

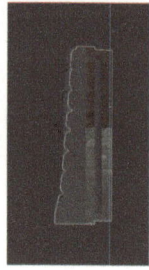

29 위치가 다르게 나올것입니다.
전에 벽의 위치를 조정한것처럼 조금씩 조절을 해주면서 맞춰주면 됩니다.
*벽과 달리 Location X,Y,Z 모두 조절해야 하기 때문에 조금씩 방향을 보면서 모서리에 위치시켜야 합니다.
**모서리를 제외한 곳에도 위치되는것을 볼 수 있는데 이것은 나중에 모델링을 추가하면 바뀌기 때문에 신경쓰지 않아도 됩니다.

30 평평한 벽의 모델링을 모듈화 시켜줍니다.
배치를 조절해보면 모서리에도 배치되는것을 볼 수 있습니다. 이것은 신경쓰지 않아도됩니다.

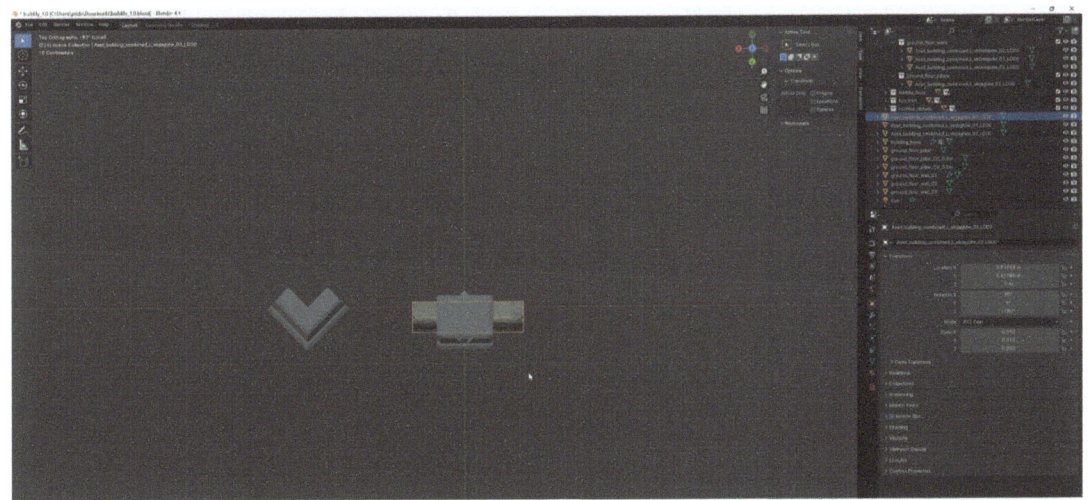

31 마지막으로 안쪽 모서리 부분을 모듈화시켜줍니다.

 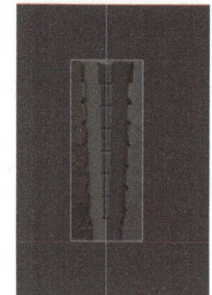 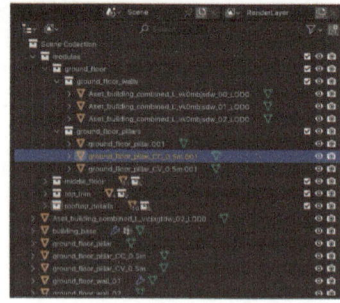

32 배치를 맞게 조절하면 전에 배치한 모서리까지 원하는 위치에 배치된것을 볼 수 있습니다.

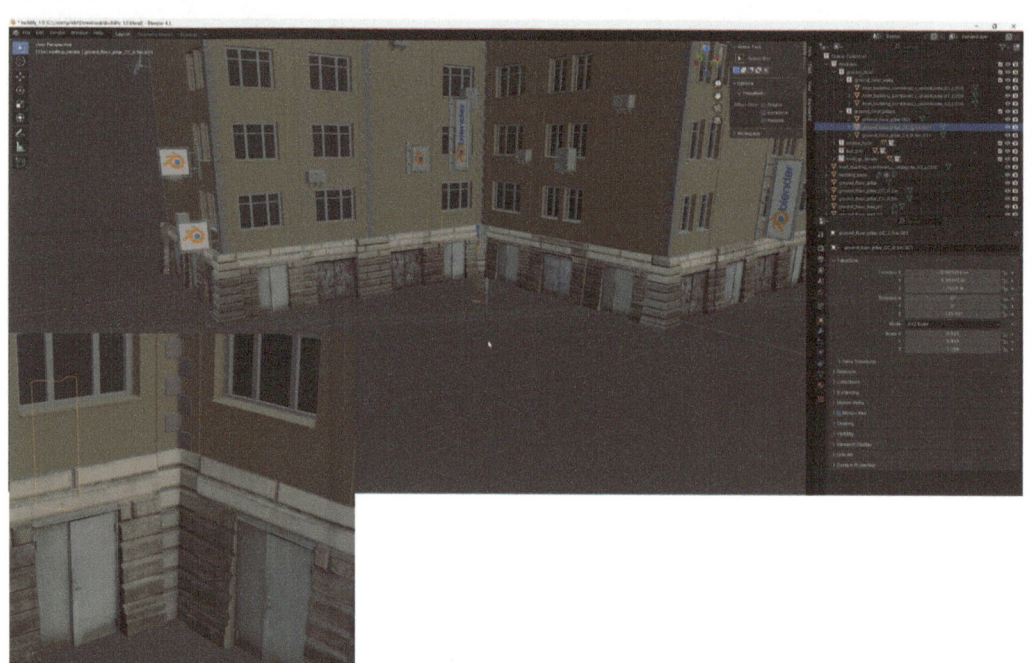

33 1층 건물이 2층 이상의 건물보다 살짝 두껍게 표현하기 위해 전체적으로 벽과 모서리 모듈을 조정해줍니다.

34 건물을 **Curve**를 사용하여 그려서 배치할수도 있습니다.
-> Curve를 통해 원하는 영역을 그린 후 Modifiers에서 Geometry Nodes를 추가하고 F building을 선택 합니다.

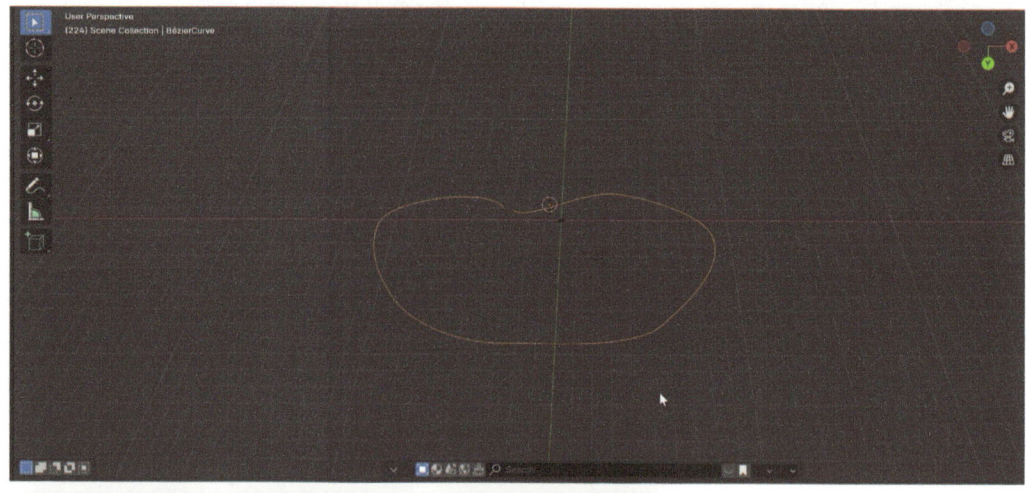

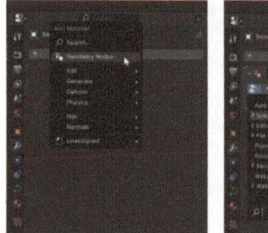 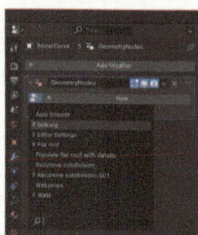 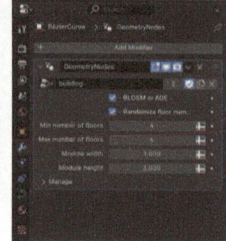

35 Geometry Nodes로 이동하여 수정을 해주어야 합니다.
-> **Resample curve**와 **Fill Curve** 노드를 생성하여 사진과 같이 연결시켜주면 됩니다.

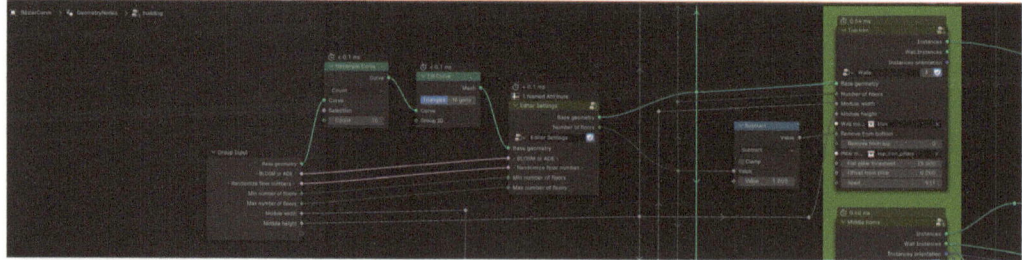

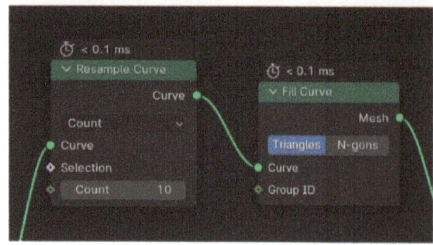

36 그러면 건물이 나타나게 되는데 건물이 Curve의 영역에 비해 너무 크다면 **Edit Mode에서 점으로 Curve 의 영역을 넓혀서 조정**해주면 됩니다.

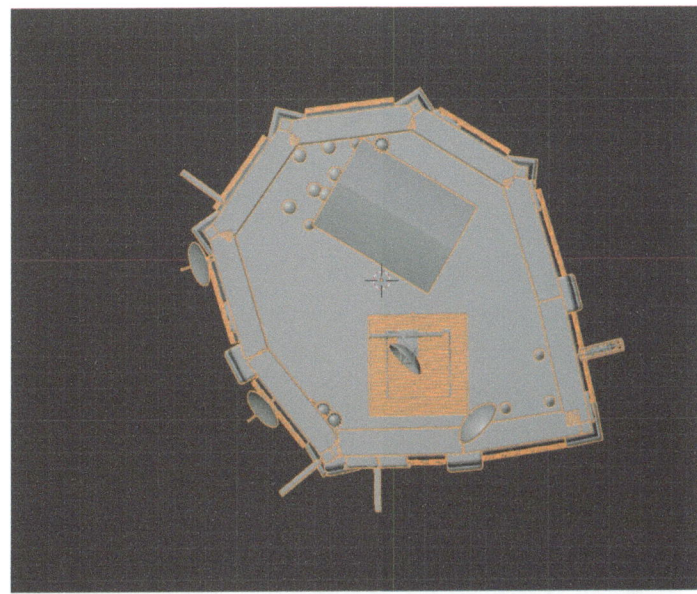

37 Curve를 조정하는 즉시 건물의 배치가 바뀌는 모습을 보실 수 있습니다.
당연히 여기서 건물의 높이나 Seed를 조정할 수 있고 다른 오브젝트로 모듈을 변경시킬수도 있습니다.

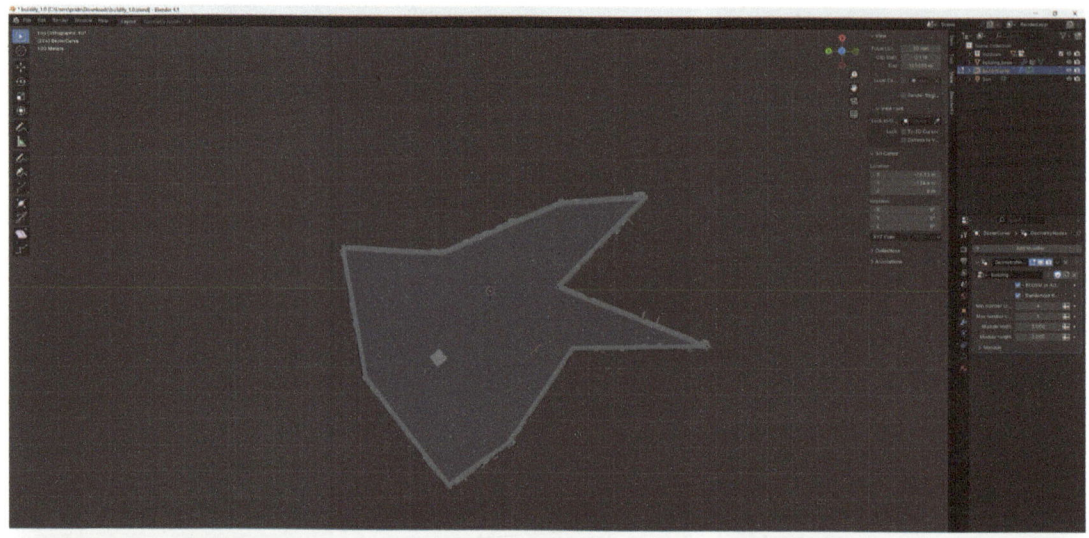

03
SIMPLE RIPPLE

03 Simple Ripple simulation

간단한 물 시뮬레이션을 만나보실 수 있습니다.

01 **https://nuggetblends.gumroad.com/l/wkbbqa** 주소 또는 구글에서 **simple ripple simulation**을 검색하여 들어갑니다. **Name a fair price**에 **0**을 입력한 후 **'I want this!'**를 클릭합니다.

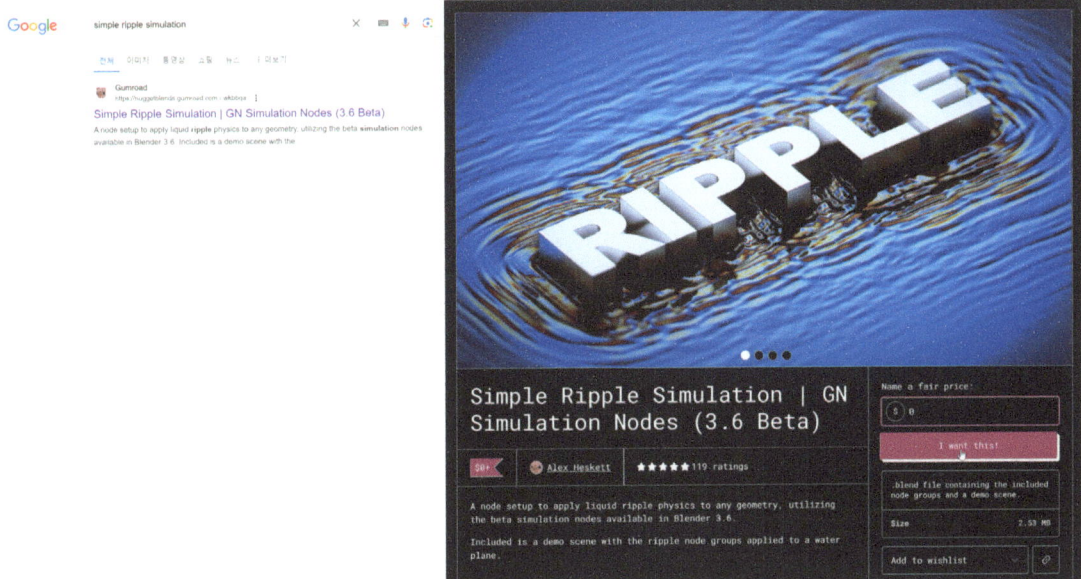

02 이메일 주소를 입력한 후 **Get**을 클릭합니다.

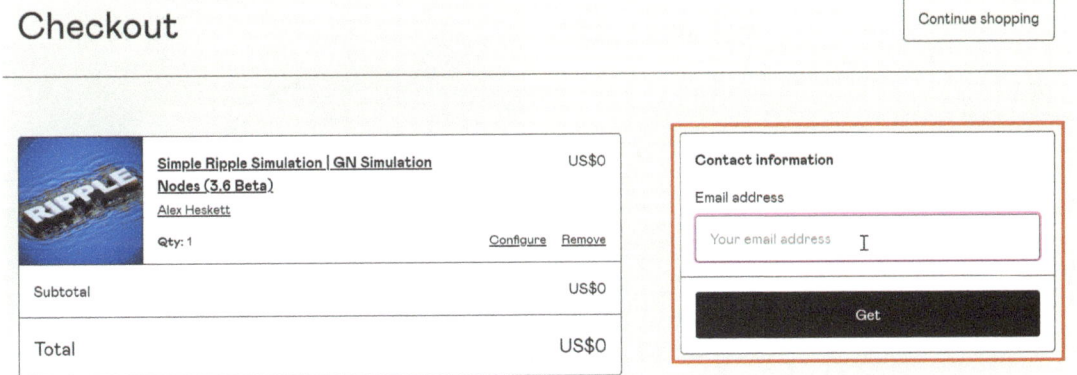

03 Download를 눌러 **Ripple simulation.blend** 파일을 다운받아줍니다.
다운로드 받은 파일을 열어줍니다.

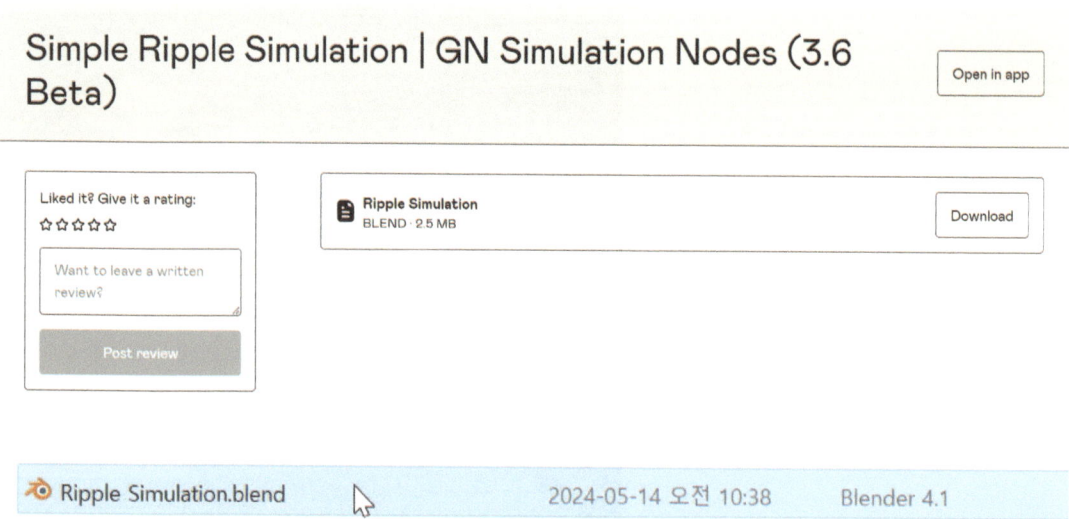

04 Viewport Shading을 **Rendered**로 변경해줍니다.

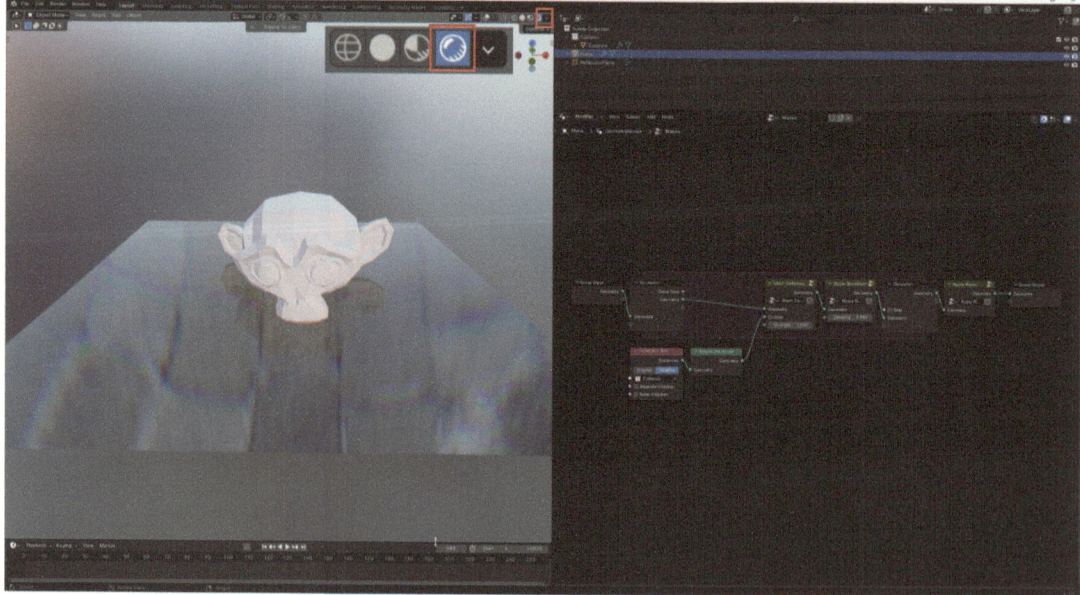

05 Spacebar 또는 Play 버튼을 눌러 animation을 재생시켜봅니다.
Plane에 Monkey 오브젝트가 움직이면서 **잔물결이 생기는 현상**을 볼 수 있습니다.

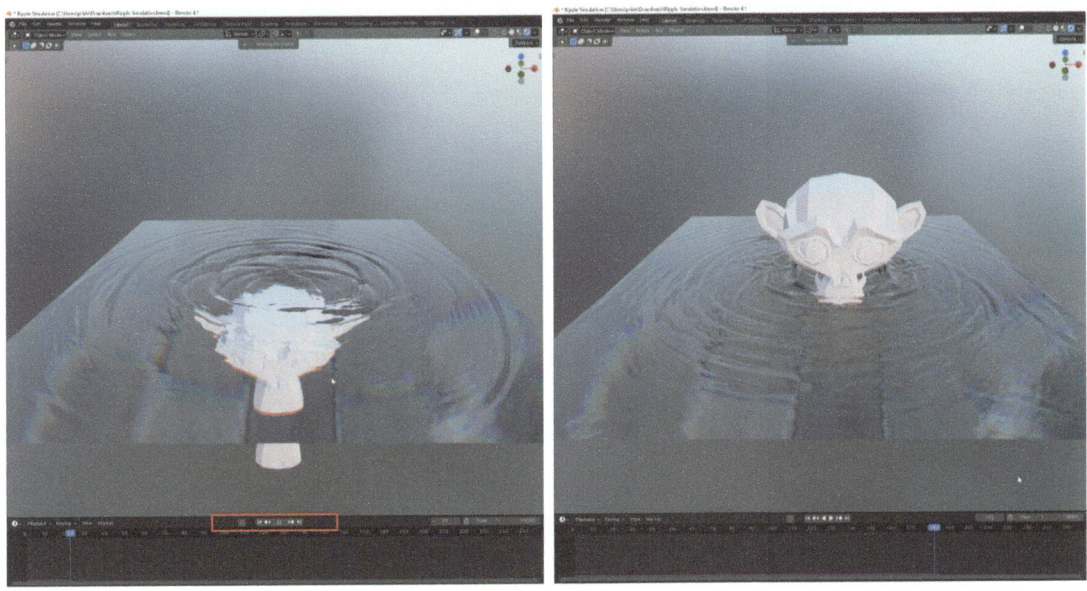

06 기존에 배치되어 있는 오브젝트 외의 다른 오브젝트에도 잔물결이 적용되는지 확인해보겠습니다.
Mesh - UV Sphere 오브젝트를 불러옵니다.

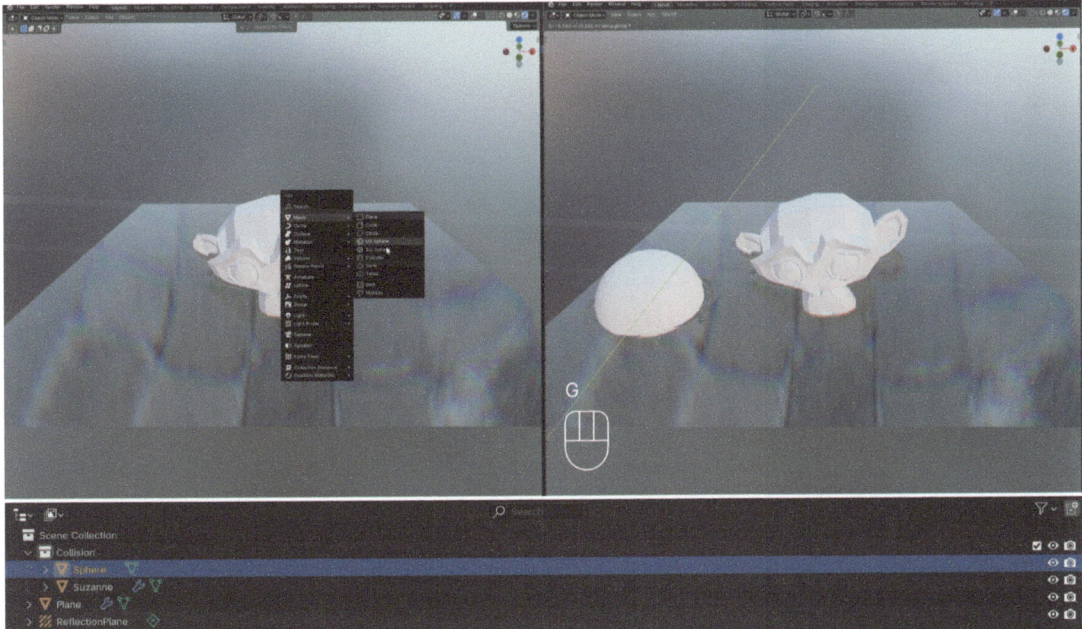

07 Mesh - Cube 오브젝트도 가져와 배치해줍니다.

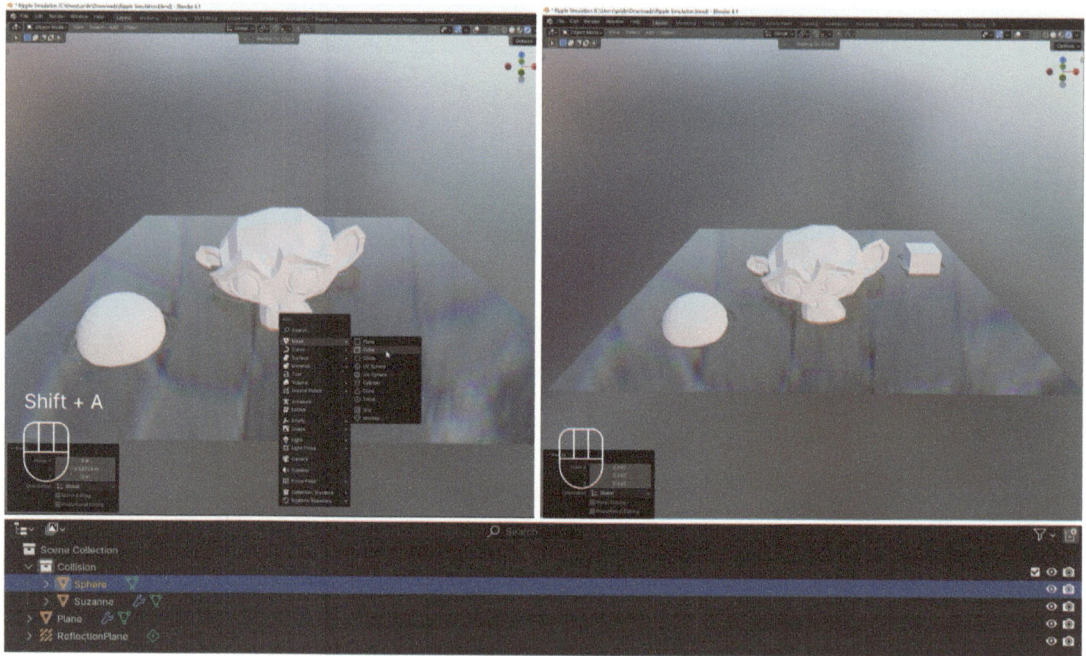

08 animation을 재생해보면 sphere와 box가 물의 영향을 받는것을 볼 수 있습니다. 움직이는 animation이 없어서 주의에 생성되는 잔물결이 많이 나타나지 않아 animation을 생성해주겠습니다.

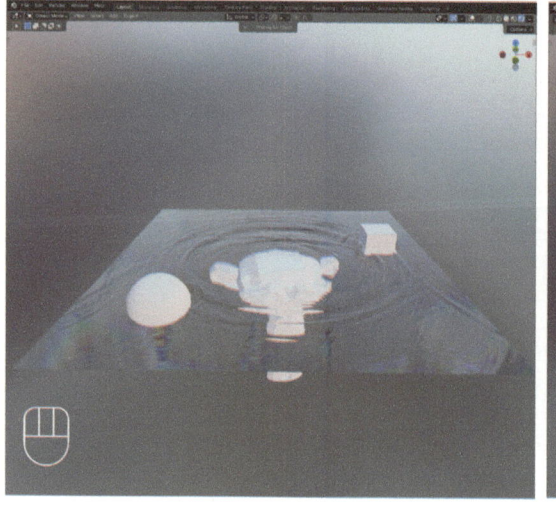
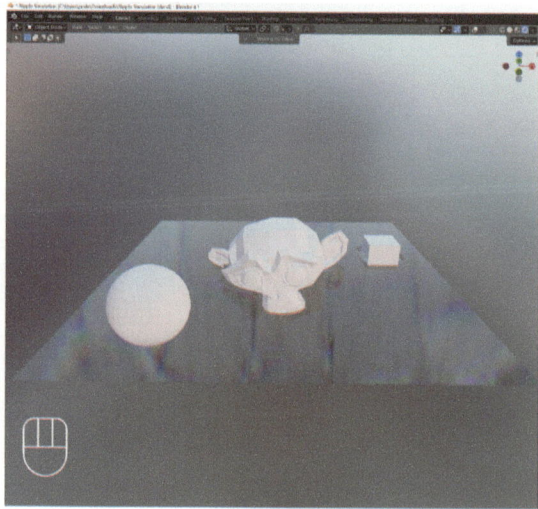

09 Sphere에 **animation**을 생성해주겠습니다.
Timeline에 단축키 I를 누르게 되면 keyframe 선택지가 나오게 되며 All Channels를 선택하면 translate, rotate, scale에 모두 keyframe이 생성되게 됩니다. 원하는 간격으로 animation을 생성해주면 됩니다.

10 공이 이리저리 튀는것처럼 애니메이션을 만들었을때 위의 사진과 같이 구체가 이동하는 모습으로 잔물결이 생기는 모습을 볼 수 있습니다.

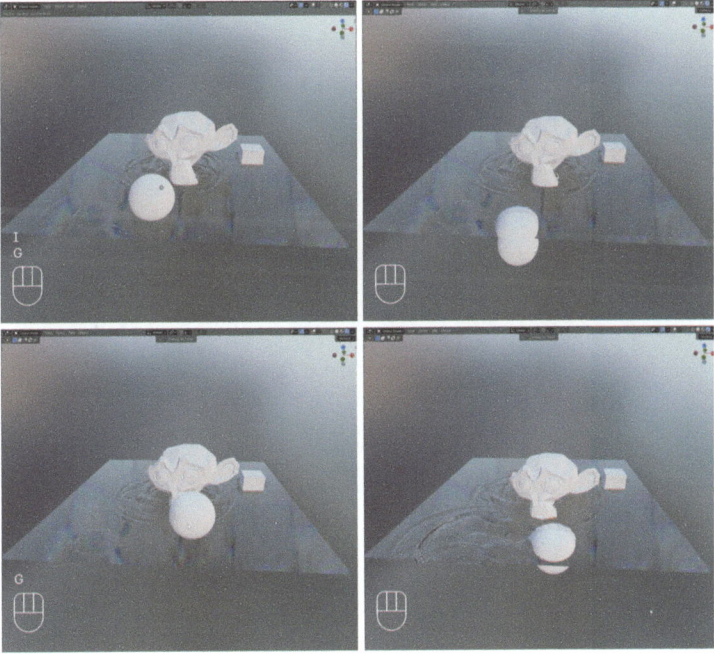

11 애니메이션을 반복재생하기 위해 **Graph Editor**에서 수정을 해줍니다.

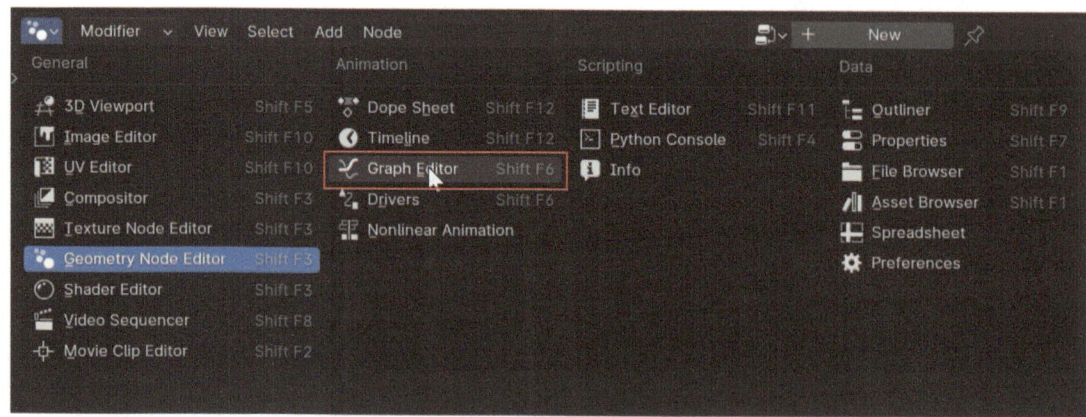

12 Modifiers탭에서 After Mode를 **Repeat Motion or Repeat with offset**으로 변경해줍니다.
* keyframe을 각각 입력하지 않고도 반복재생시킬 수 있습니다.

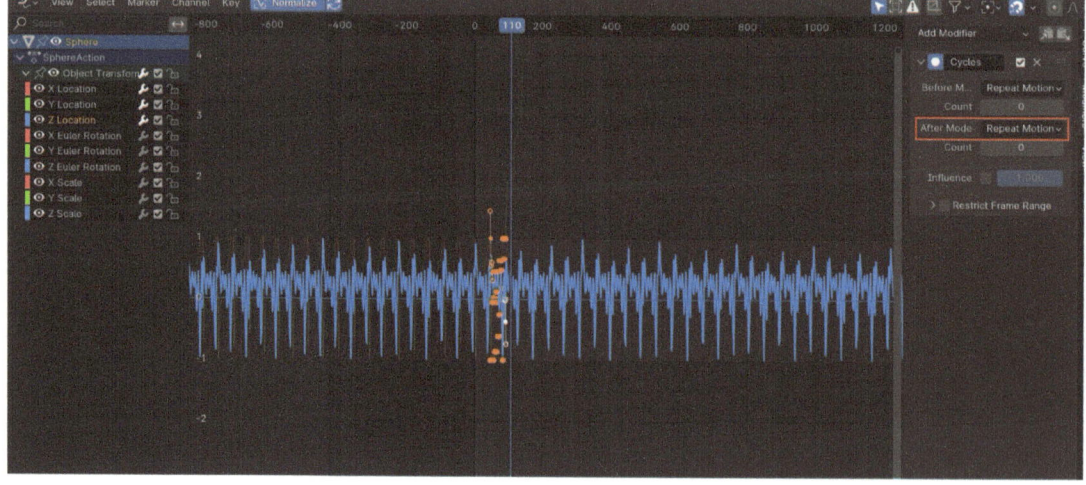

13 Plane(물)을 선택하여 세팅되어있는 Geometry node를 볼 수 있습니다.
Ripple simulation의 수치를 조절하여 잔물결의 세기를 조절할 수 있습니다.

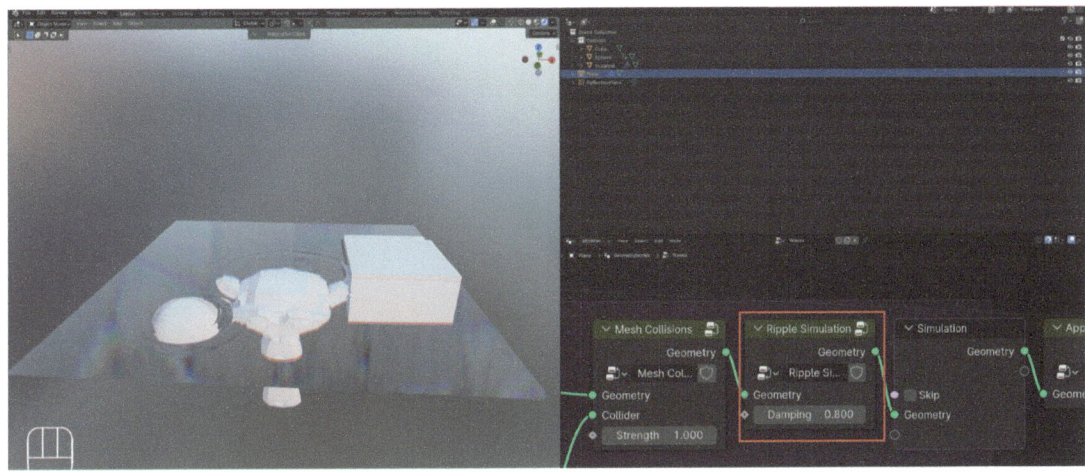

● **0.8**은 잔물결이 크지 않고 잔잔하고 작게 퍼지는 모습을 볼 수 있습니다.

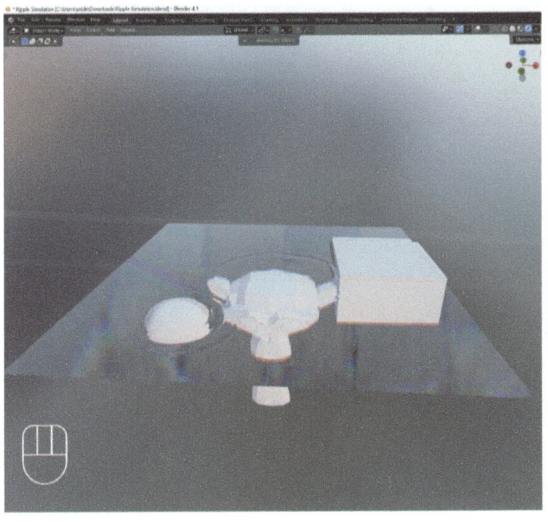

● 0.9은 잔물결이 0.8보단 크지만 전체로 퍼지진 않고 물체 주위로 퍼지는 모습을 볼 수 있습니다.

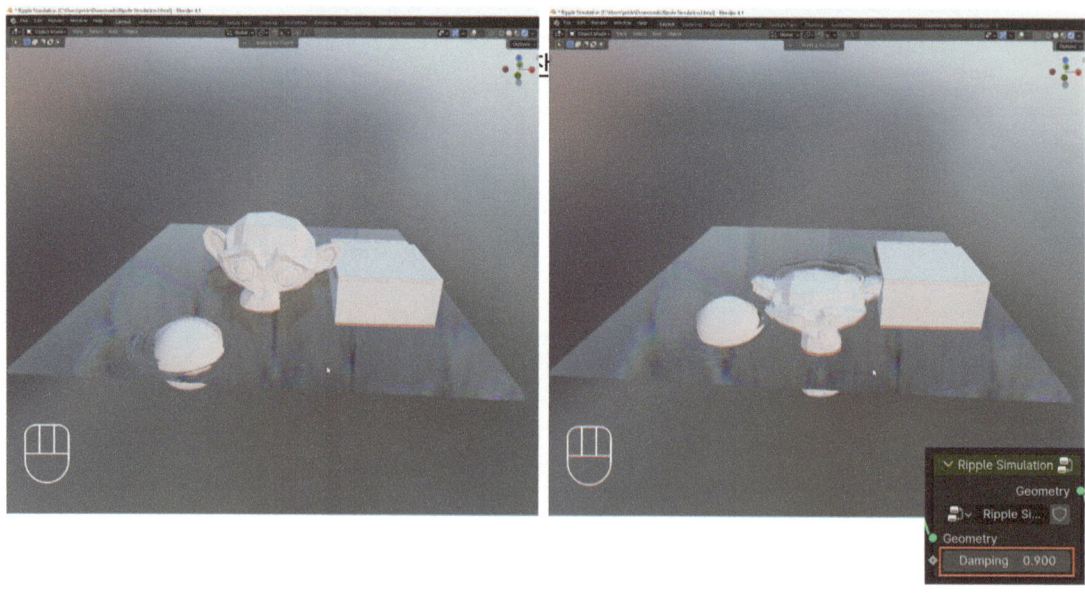

● 0.98은 기본으로 세팅되어 있는 값으로 전체적으로 잔물결이 생기는 모습을 볼 수 있습니다.

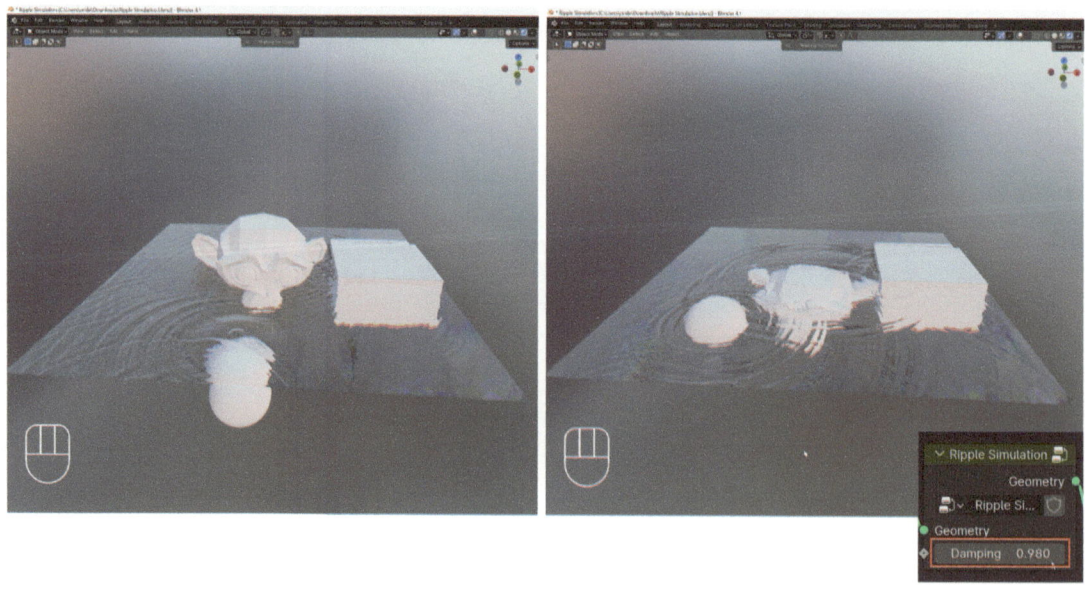

● **0.998~1**은 물결이 거칠고 크게 퍼지는 모습을 볼 수 있습니다.

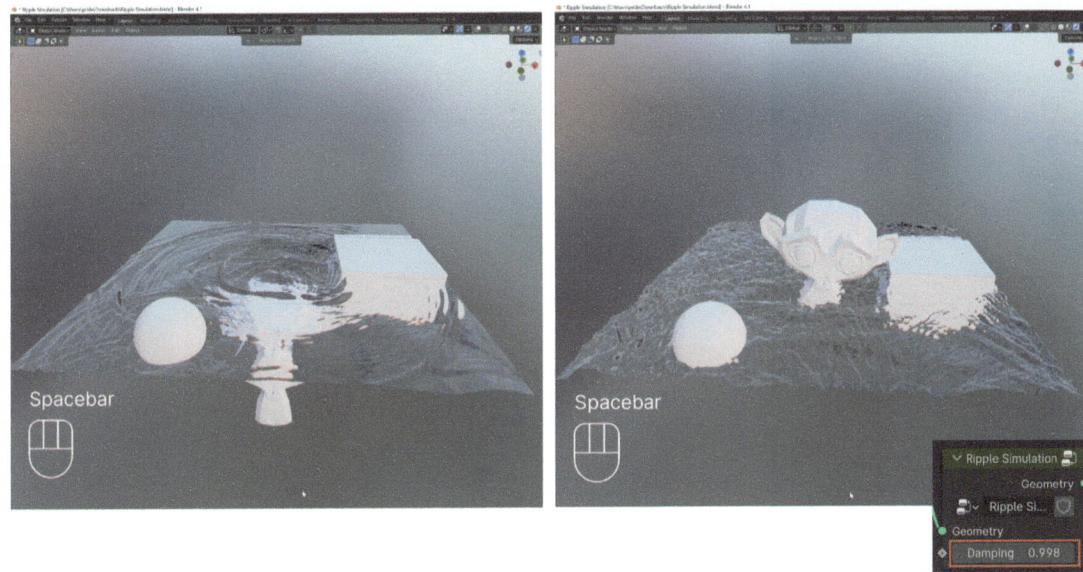

상황에 맞게 어울리는 세기를 정하여 배치해 사용하면 됩니다.

04
DYNAMIC STYLIZED WATER

04 Dynamic Stylized Water

Dynamic Stylized Water Addon은 물 시뮬레이션 애드온입니다.

01 원하는 오브젝트에 물 시뮬레이션을 적용시키고,
물의 파장을 나타내고 조절하는 방법을 알려드리겠습니다.
Dynamic Stylized Water Addon은 무료 애드온입니다.
https://dnslv.gumroad.com/l/dynwaterGN 사이트에 들어가서 Name a fair price에 0을 입력 후 I Want this! 버튼을 클릭하면 됩니다.

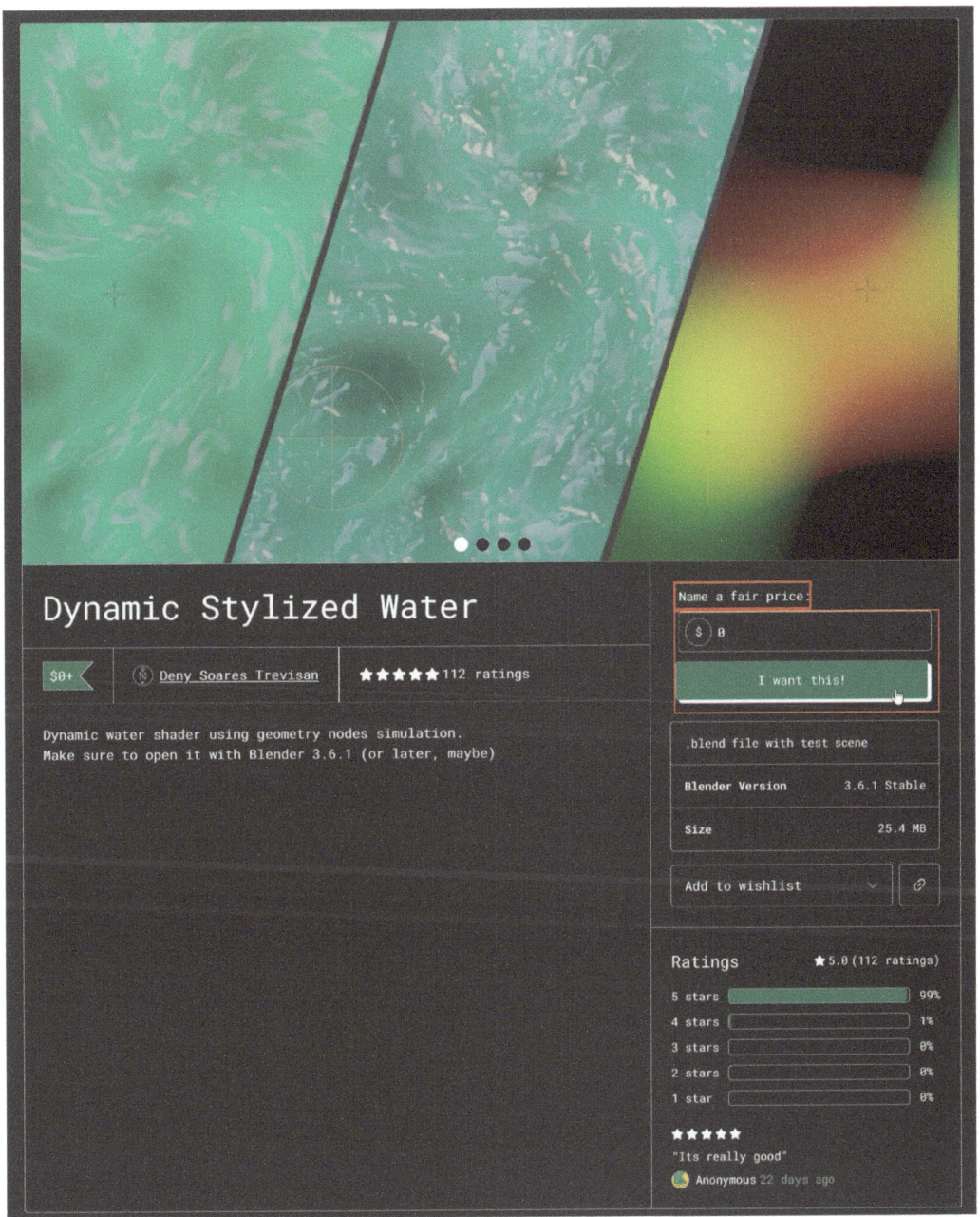

02 Checkout 창이 나타납니다.

Email address에 이메일을 입력한 후 Get 버튼을 클릭하면 됩니다.
GeoNodes_DynWater BLEND파일을 Download해주면 됩니다.

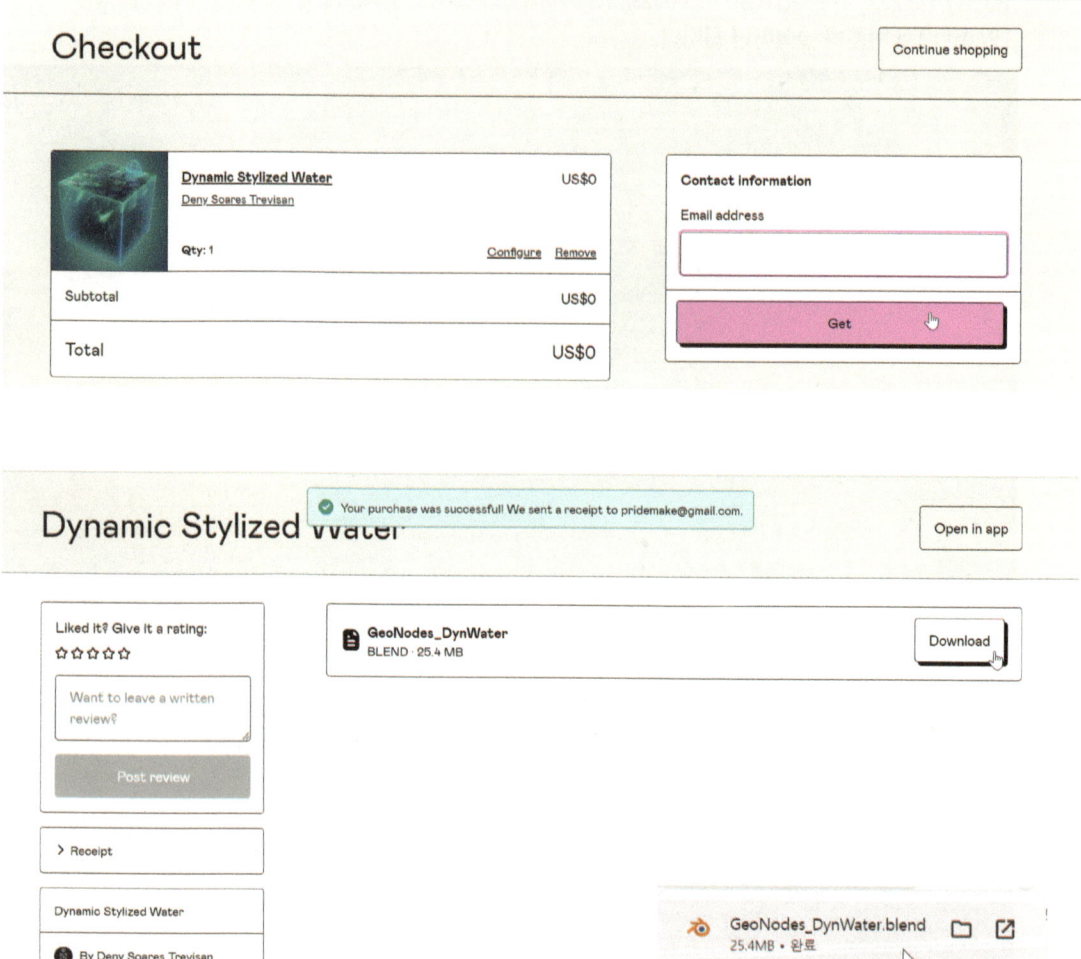

03 다운로드한 GeoNodes_DynWater.blend 파일을 열어봅니다.
그러면 위의 사진과 같은 창이 나타나게 됩니다. 이미 물 시뮬레이션이 적용된 상태의 파일임을 볼 수 있습니다.
여기서 여러분이 원하는 옵션을 오브젝트에 적용시키면 됩니다.

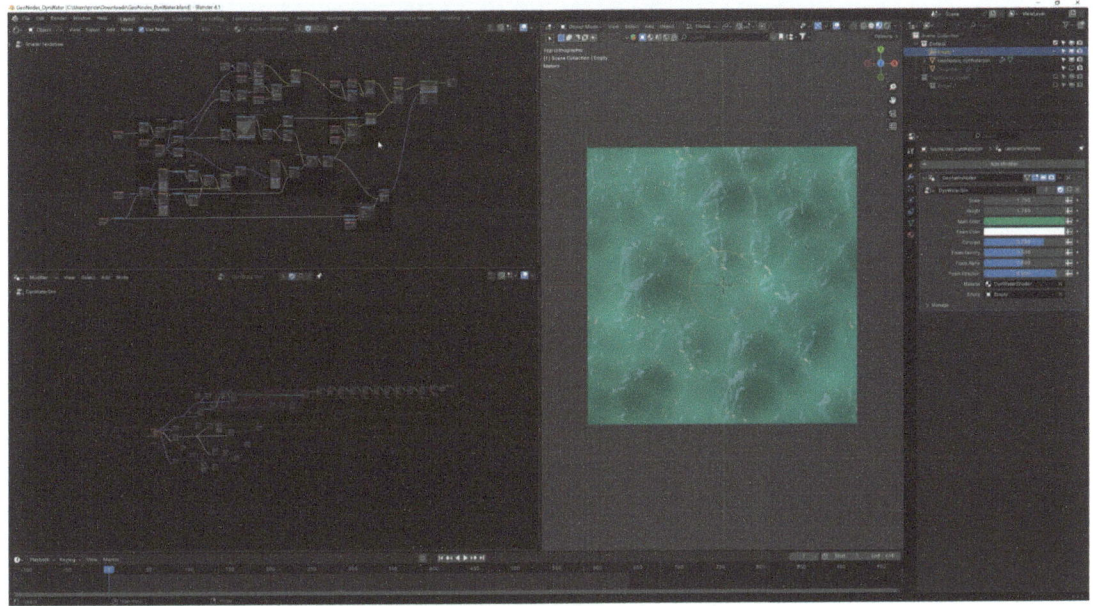

04 우선 물 시뮬레이션이 어떻게 되는지 보도록 합니다. plane에 물 시뮬레이션이 적용된 상태입니다.
Play 버튼을 클릭하면 물 시뮬레이션을 볼 수 있습니다.
Play 버튼을 클릭하여 재생시킨 상태에서 Layer의 Emtpy object를 plane에 가져다 놓고 이리저리 **움직여보면 Emtpy object에 영향을 받아 물의 파장이 생기는 것을 볼 수 있습니다.**

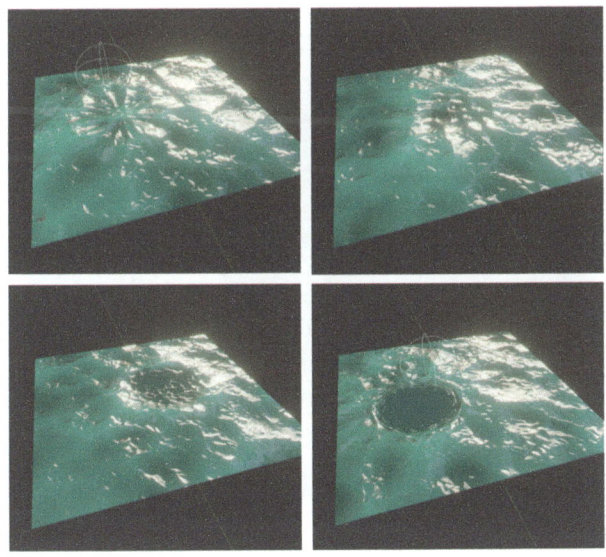

05 **다른 오브젝트에 물 시뮬레이션을 적용시키는 방법**을 알려드리겠습니다.
　　Mesh - Monkey 오브젝트를 불러옵니다.
　　우선 Texture를 먼저 입혀주겠습니다.
　　Material탭으로 이동하여 F DynWaterShader를 클릭하여 입혀줍니다.
　　*Texture를 적용시켰을때 색이 검은색으로 나타나게 되는데 검은색으로 나타나는것이 정상입니다.

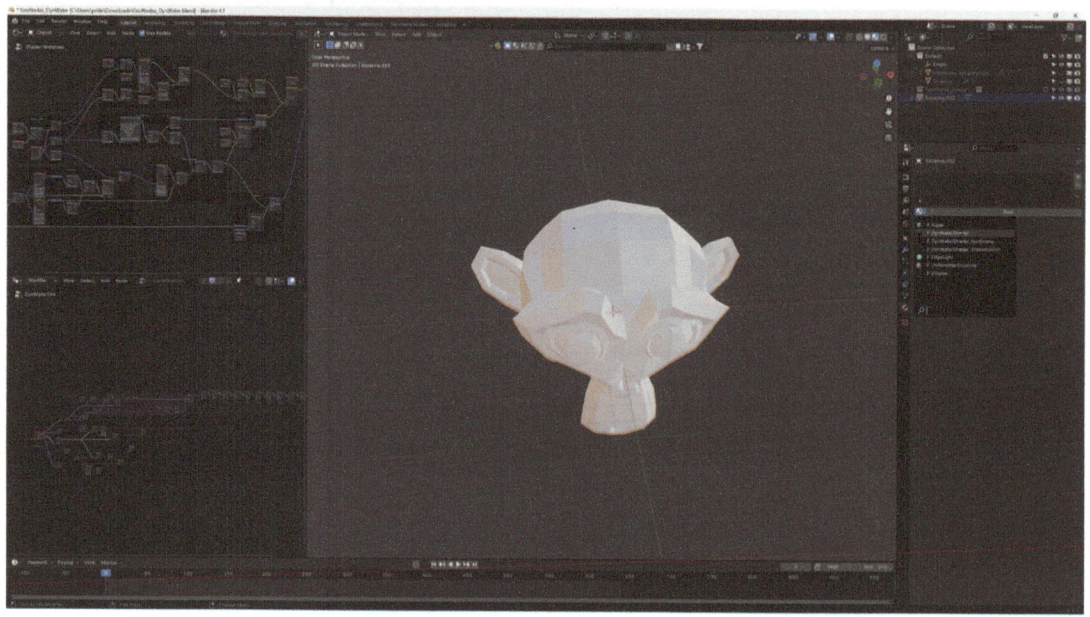

06 Modifiers탭으로 이동하여 **Subdivision Surface를 적용**시킵니다.
　　물 시뮬레이션을 제대로 보기 위해서는 Surface가 많이 분해되어 있어야 합니다.
　　그렇기에 Subdvision Surface를 적용시키고 Levels Viewport/Render의 옵션을 3으로 조정합니다.

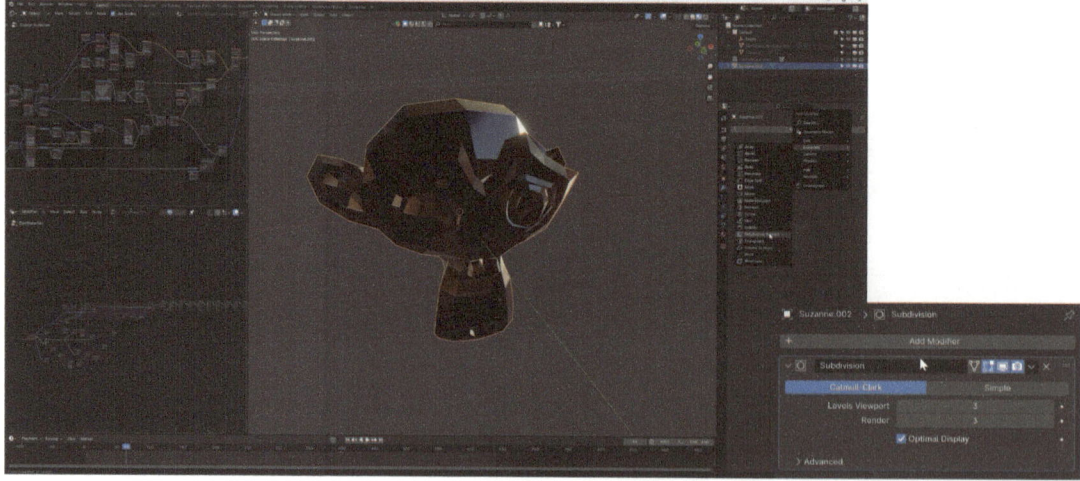

07 Surface의 세분화를 많이 시켰다면 Geometry Nodes를 추가해줍니다.
F DynWaterSim을 클릭하여 불러오면 됩니다.
그러면 Monkey 오브젝트에 물 시뮬레이션이 적용된것을 볼 수 있습니다.
옵션을 조절하지 않았기 때문에 물처럼 보이지 않은 것입니다.

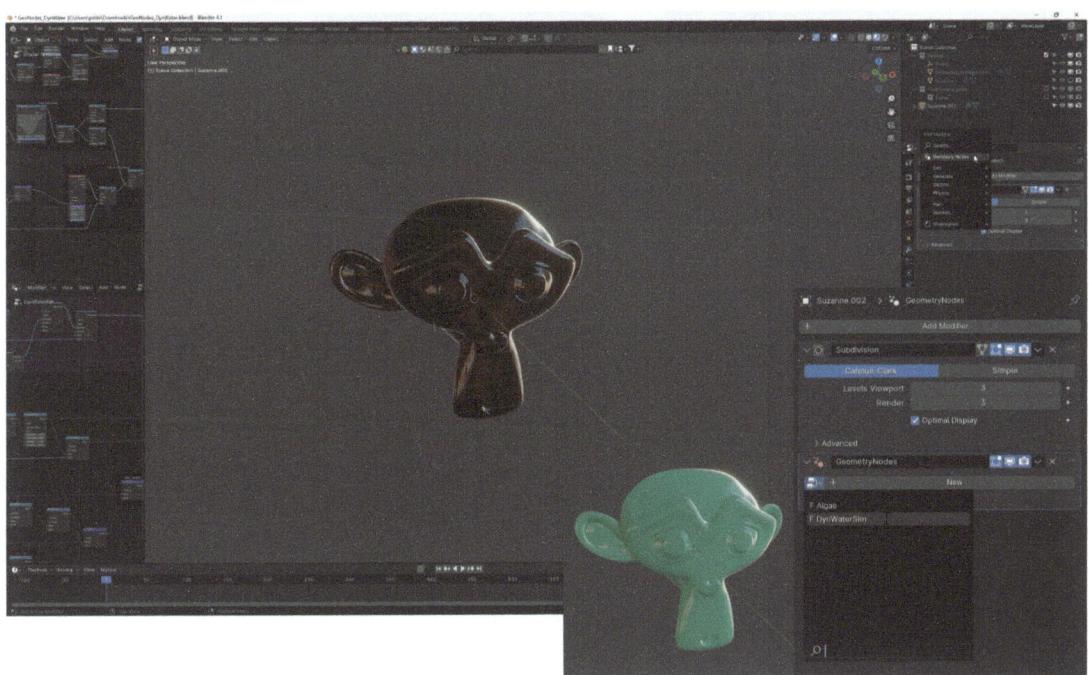

08 옵션을 조절하여 물 느낌을 만들어보도록 하겠습니다.

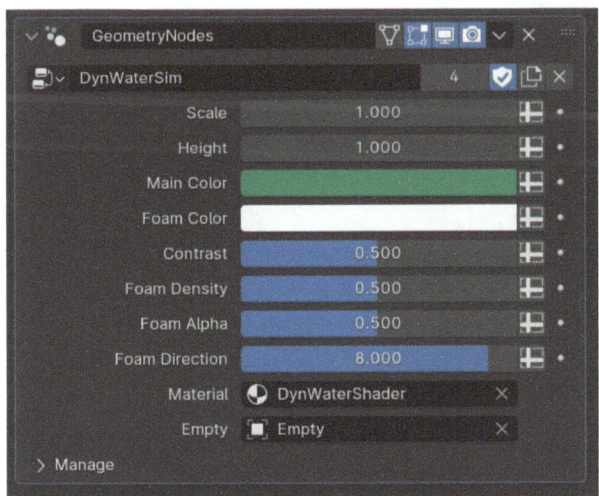

Scale : 파도의 크기
Height : 파도의 높이
Main Color : 바다 색상
Foam Color : 거품 색상
Contrast : 대비
Foam Density : 거품 밀도
Foam Alpha : 거품 알파값
Foam Direction : 거품 방향

DYNAMIC STYLIZED WATER

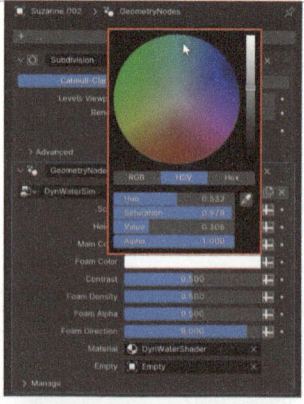

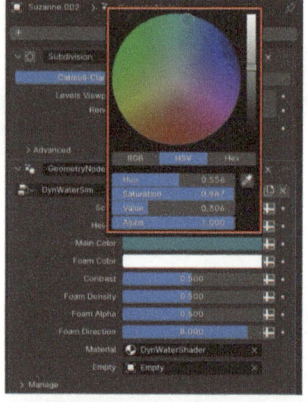

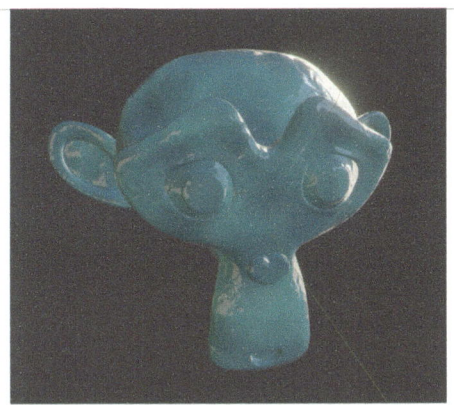 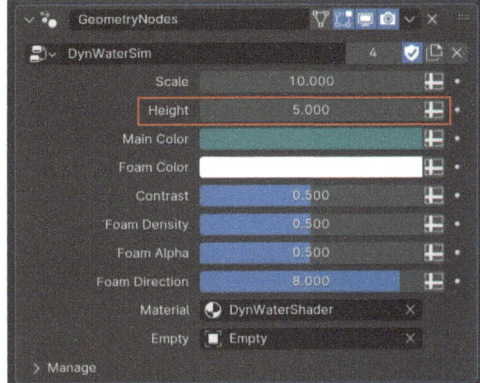

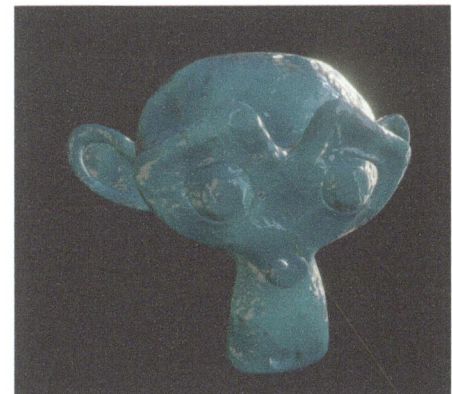 

09 물의 파장을 만들기 위해서는 **Empty Object**가 필요합니다.
*물의 파장으로 생기는 거품은 Foam Color/Alpha/Direction으로 조절할 수 있습니다.
Empty - Sphere를 불러옵니다.
Monkey object의 Geometry Nodes옵션에서 Empty창에 불러온 Empty를 선택합니다.
*Layer에서 이름 확인을 잘해야 합니다.
Empty창에 Empty를 맞게 선택하였다면 Play를 눌러 재생시킨 후 Empty를 Monkey에 가져다놓고 움직여봅니다.
물의 파장이 생기면서 거품이 나타나는것을 볼 수 있습니다.

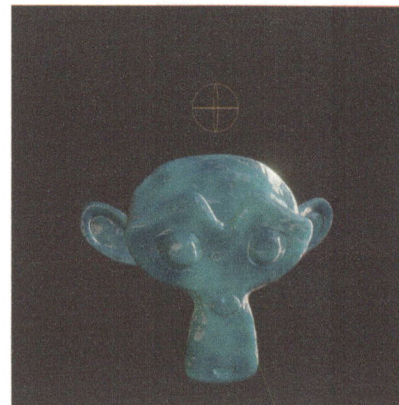
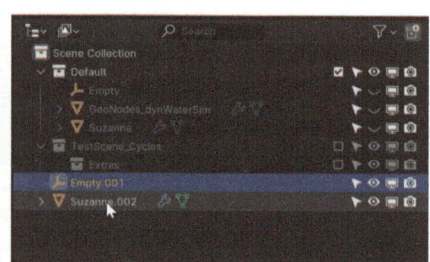
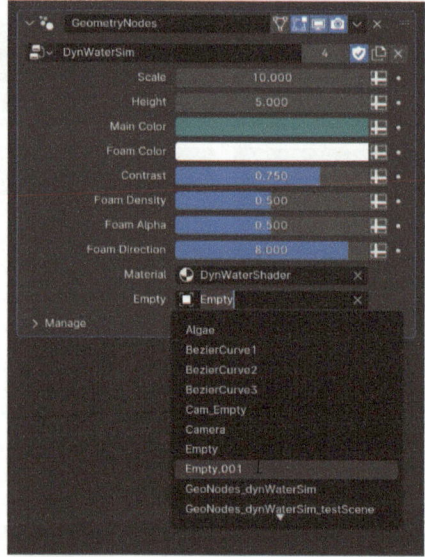
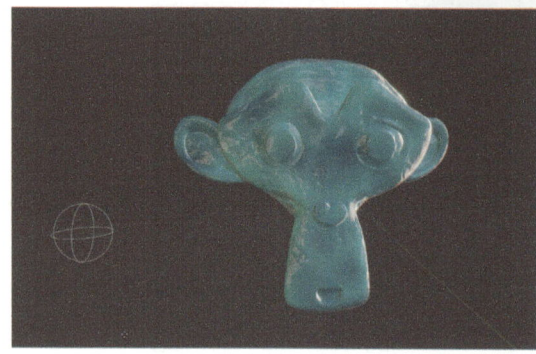
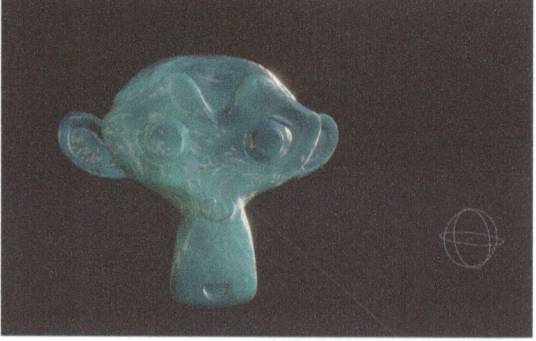

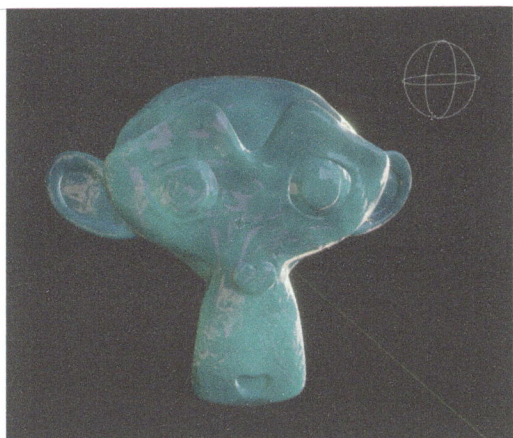
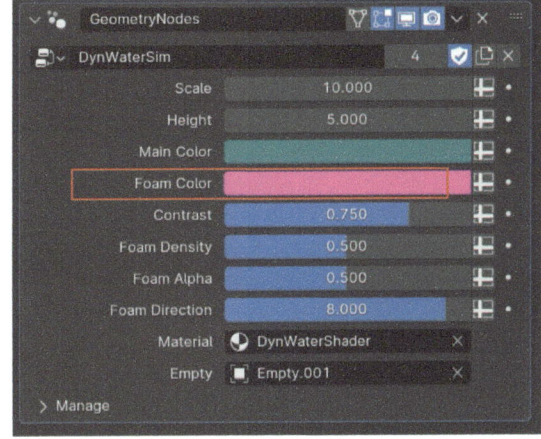

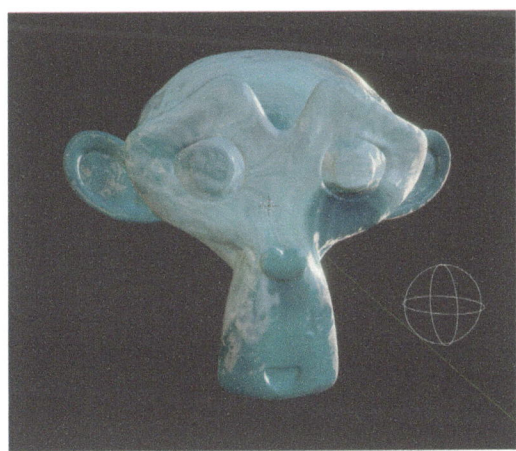
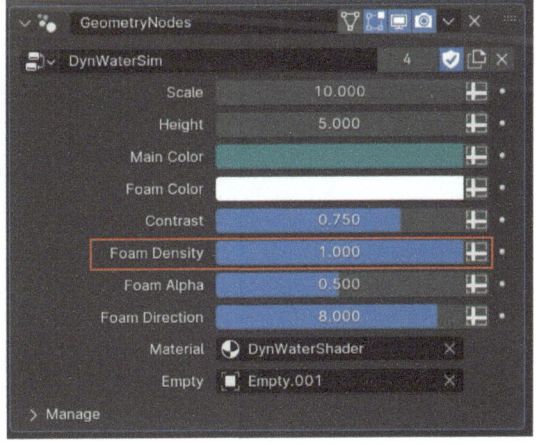

DYNAMIC STYLIZED WATER

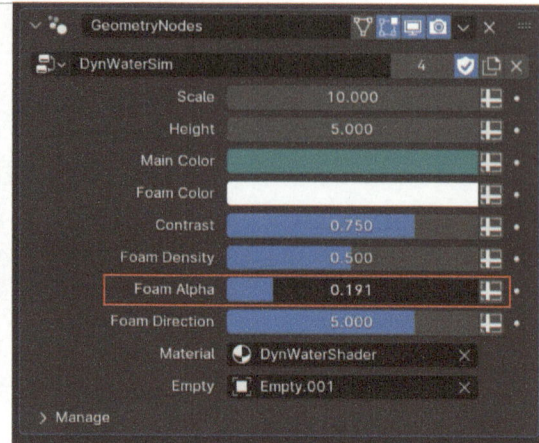

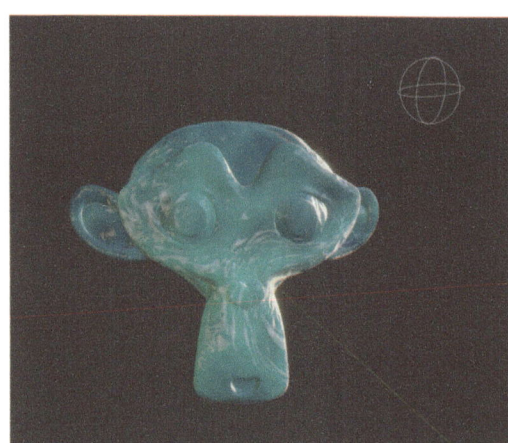
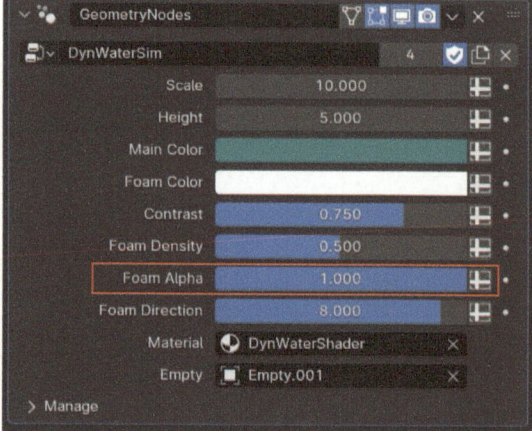

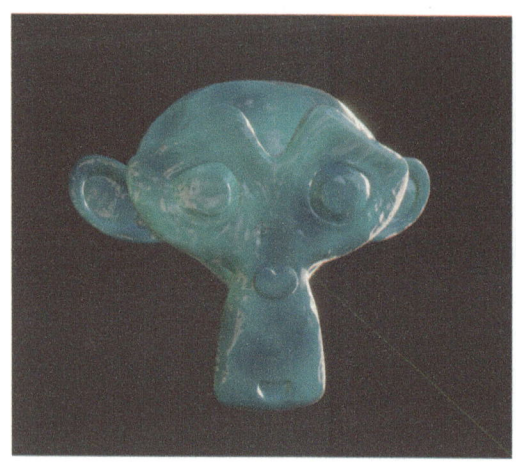
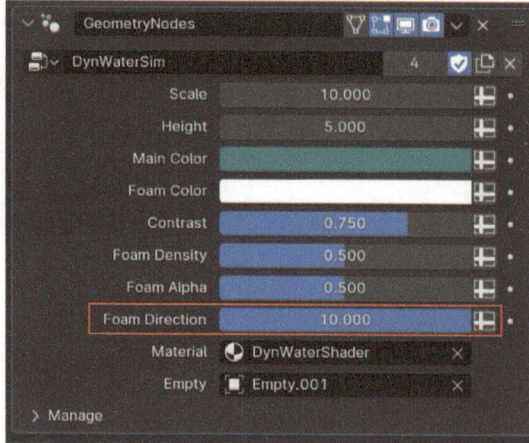

05
RBC

05 RBC A Pysics-Based Vehicle Rigging

현실적인 물리 기반 자동차를 설정하여 조정하고 움직일 수 있습니다.

01 https://akastudios.gumroad.com/l/RBCAddon 또는 블렌더 RBC 애드온을 검색하여 들어갑니다. **Free**를 누르고 Name a fair price에 **0**을 입력한 후 **'I want this!'**를 눌러줍니다.

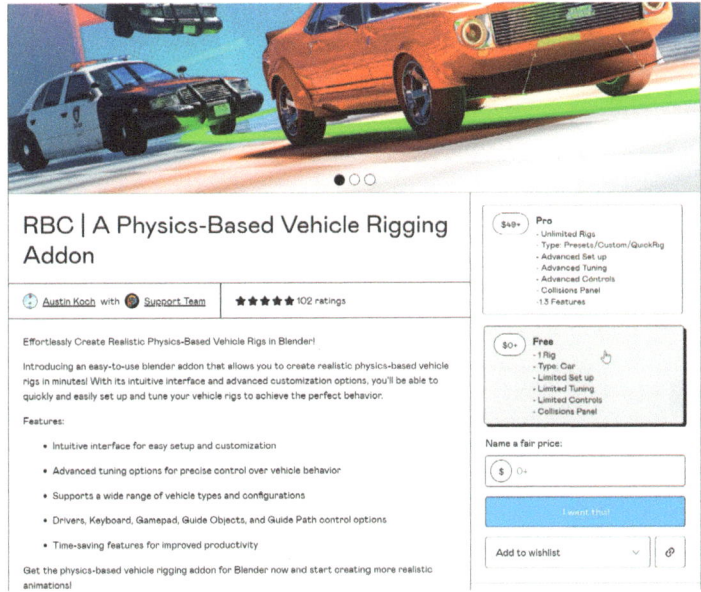

02 이메일 주소를 입력한 후 **Get**을 눌러줍니다.

03 사용하고 있는 블렌더 버전에 맞는 애드온 선택 후 **Download**를 눌러 다운받아줍니다.

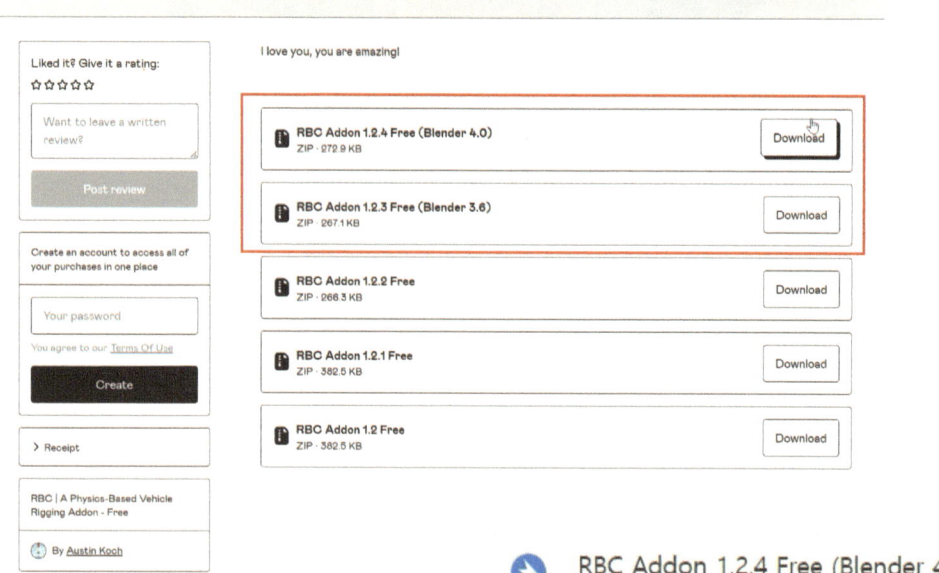

04 블렌더에서 Edit - Preference - Add-ons으로 들어가 **Install**을 눌러줍니다.
다운받은 **RBC addon zip파일**을 선택하여 **Install Add-on**을 눌러 불러온 후 박스를 눌러 체크표시하여 해당 애드온을 활성화시켜줍니다.

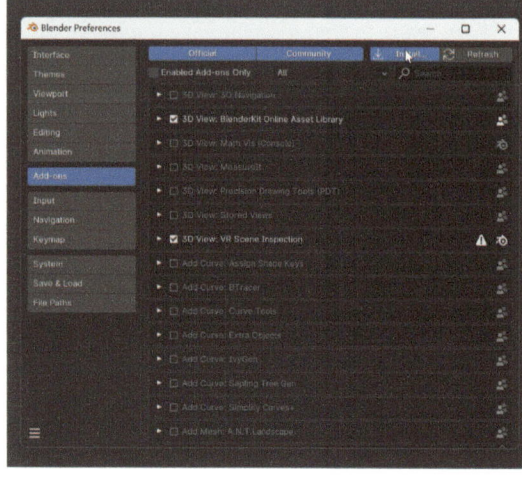 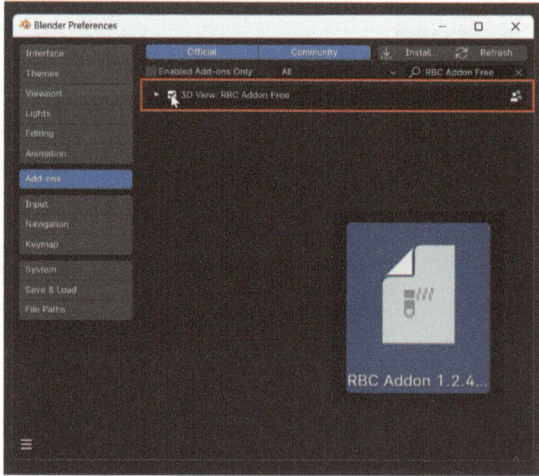

05 RBC addon을 적용시킬 자동차를 불러오도록 하겠습니다.
01. 단축키 N을 눌러 **Sketchfab탭**을 클릭합니다.
02. **Activate add-on을 클릭**합니다.
03. **Search**에 자동차 종류를 적어 검색합니다. Jeep을 적어서 검색해주었습니다.

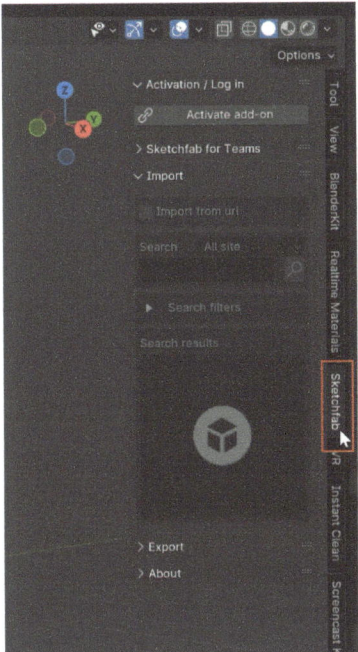  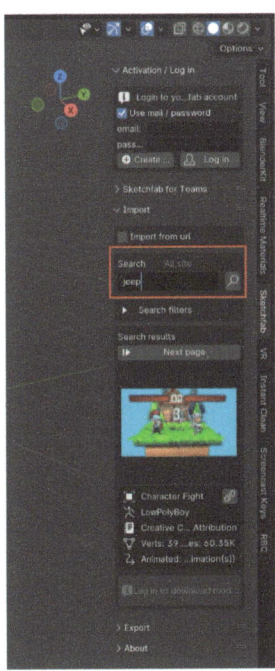

06 **Search results창**에 검색한 결과물의 사진을 볼 수 있습니다.
자동차 사진을 클릭하여 여러 종류의 다른 자동차로 변경할수도 있습니다.

07 원하는 자동차를 선택한 후 아이콘을 클릭합니다.

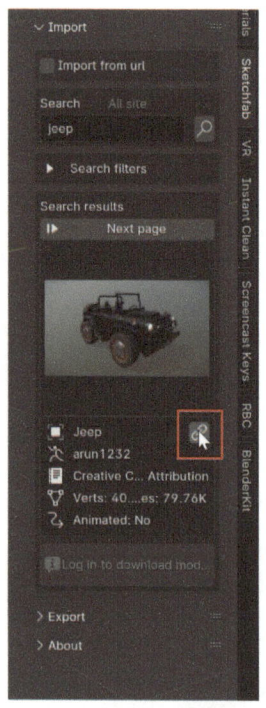

08 자동차를 다운로드 받을 수 있는 사이트로 이동됩니다.
Download 3D Model을 클릭하여 다운로드 받아줍니다.

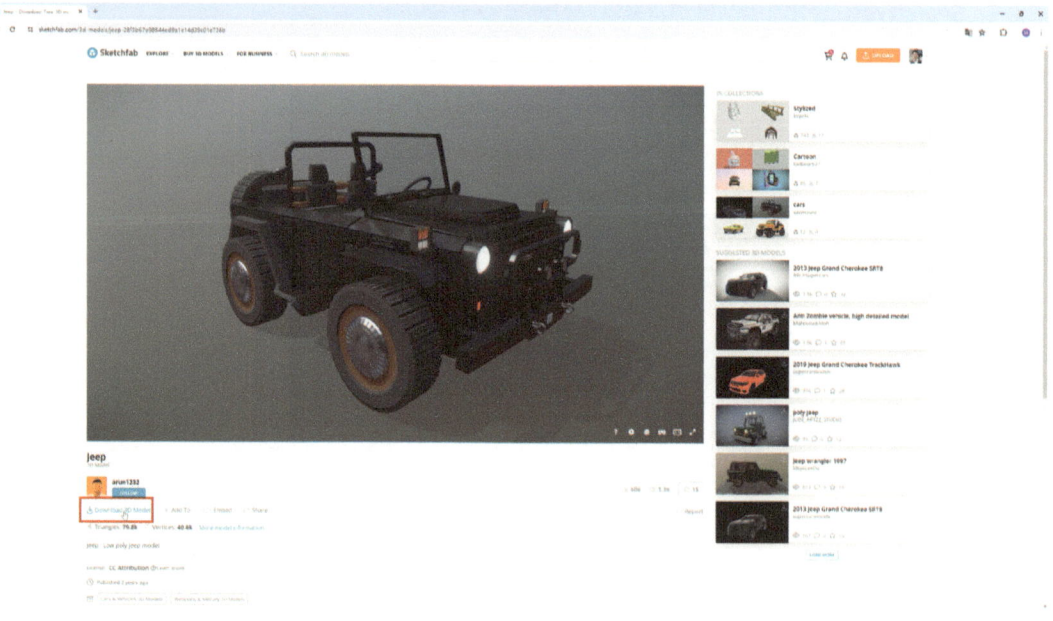

BLENDER ADD-ONS

09   fbx파일로 다운로드 해줍니다.

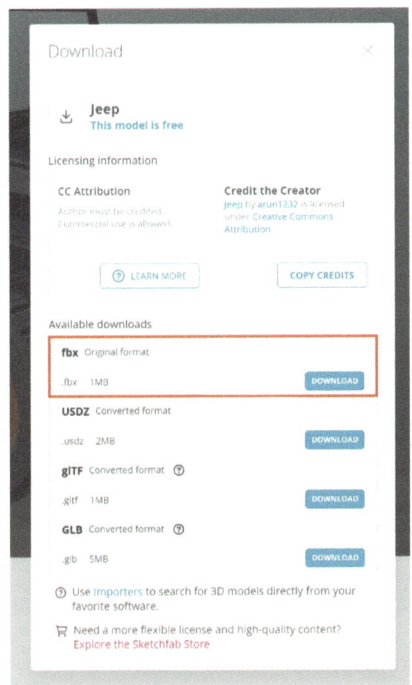

10   블렌더 파일로 돌아가 **File - Import - FBX**를 눌러준 후 다운받은 모델링 파일을 불러와줍니다.

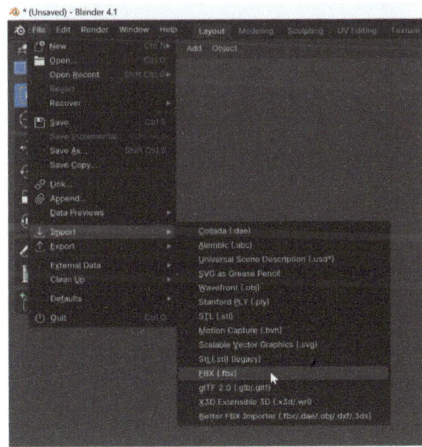 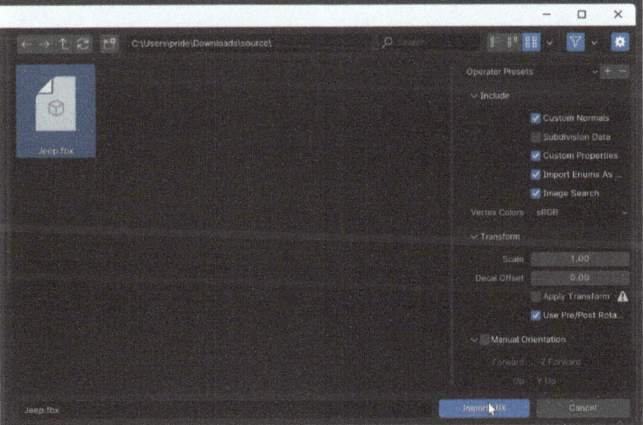

11 모든 부위가 분리된 형식으로 import 된 모습을 볼 수 있습니다.

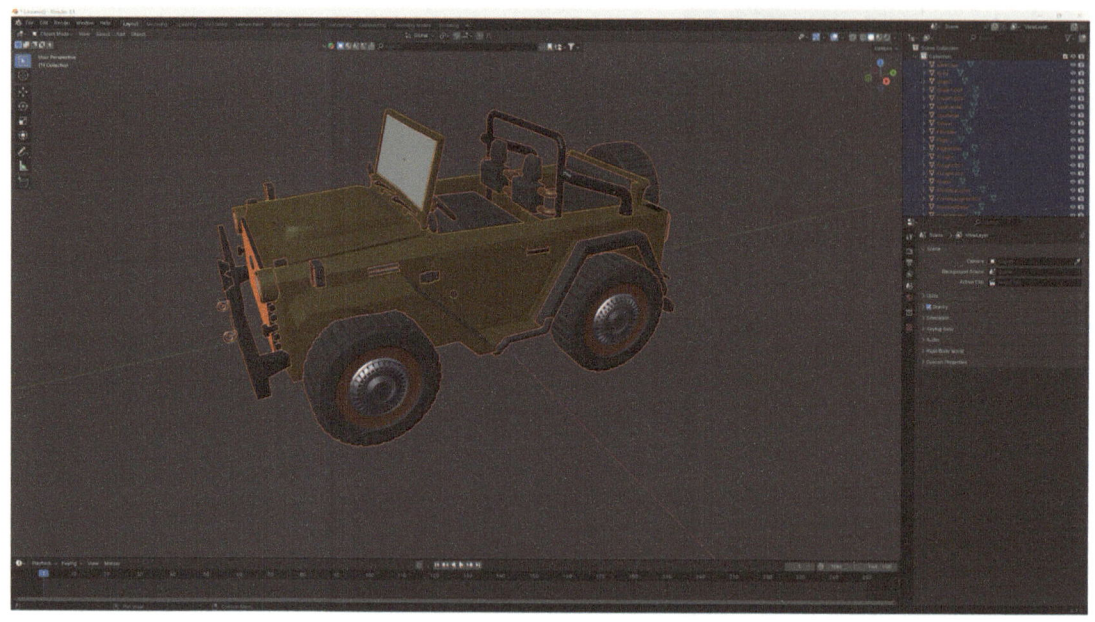

12 바퀴(타이어)를 제외하고 전부 선택한 후 **CTRL+J**를 눌러 **Join**시켜줍니다.

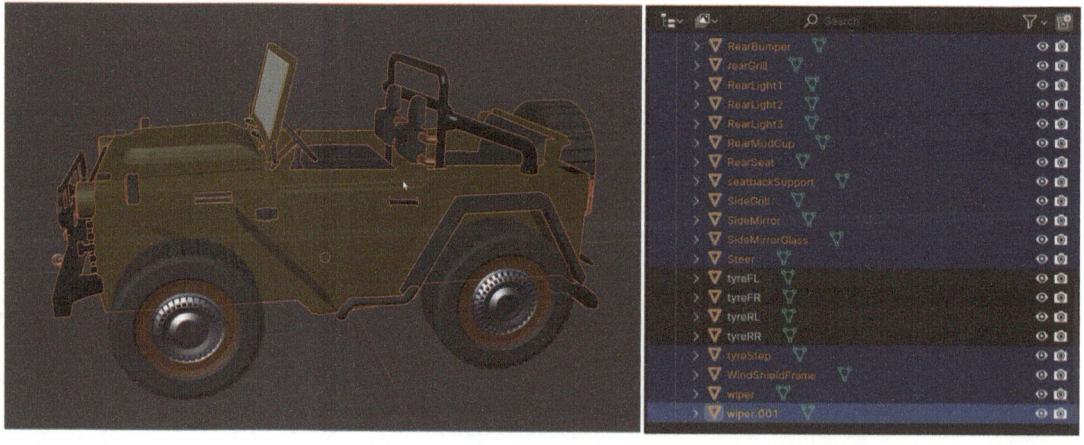

13 Join한 Object와 4개의 타이어를 선택 후 **단축키 M**을 눌러 **New Collection**으로 그룹을 지어줍니다.

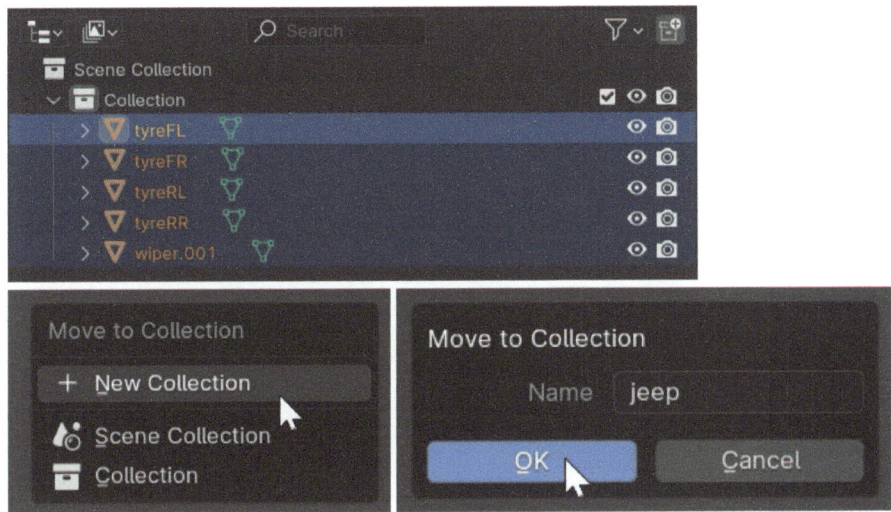

14 새로운 collection 폴더에 따로 들어간것을 볼 수 있습니다.
자동차를 불러왔으면 RBC애드온을 사용해보겠습니다.
RBC를 클릭하면 **RBC Add Rig**가 뜨는데 **Add Rig**를 눌러 활성화시켜줍니다.

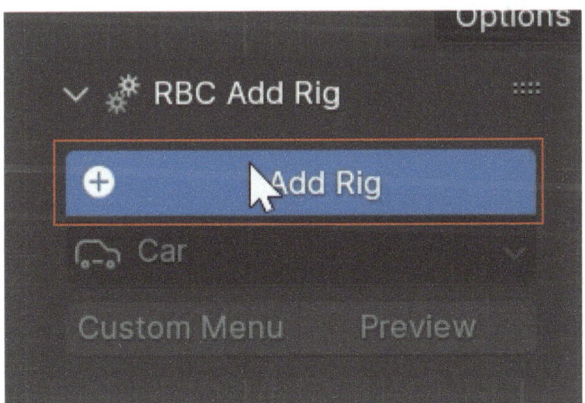

15 여러가지 세팅을 할 수 있는 창이 나오는데 **리깅**을 먼저 해보겠습니다.

16 우선 본체를 클릭한 후 세팅창의 Set Up에서 **Vehicle Body**를 눌러줍니다.
그리고 본체는 잠시 단축키 H 또는 눈 아이콘을 꺼 잠시 감춰줍니다.

 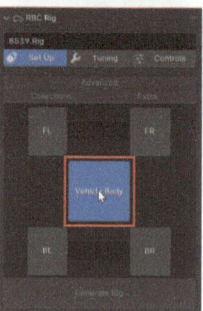

17 본체랑 똑같은 방법으로 앞바퀴 왼쪽 클릭 후 FL(Front Left), 오른쪽 바퀴 클릭 후 FR, 왼쪽 뒷바퀴 클릭 후 BL, 오른쪽 뒷바퀴 클릭 후 BR을 작업해줍니다.

18 다 선택하면 파란색으로 변경된 모습을 볼 수 있습니다.

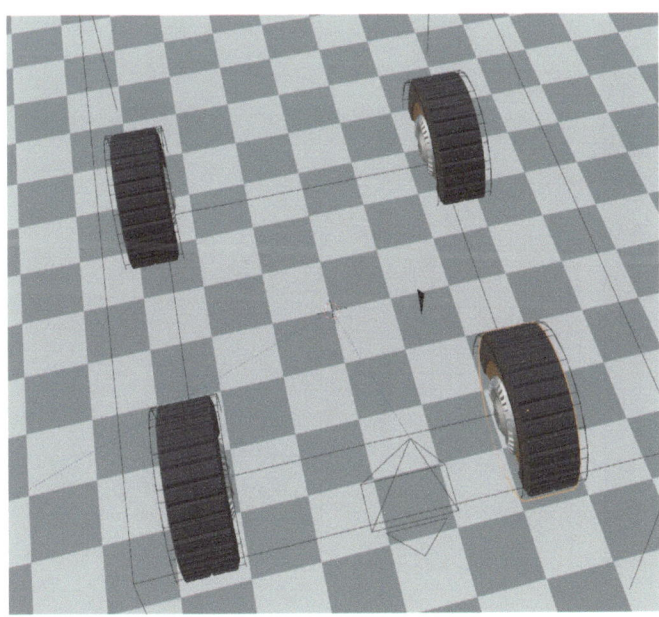
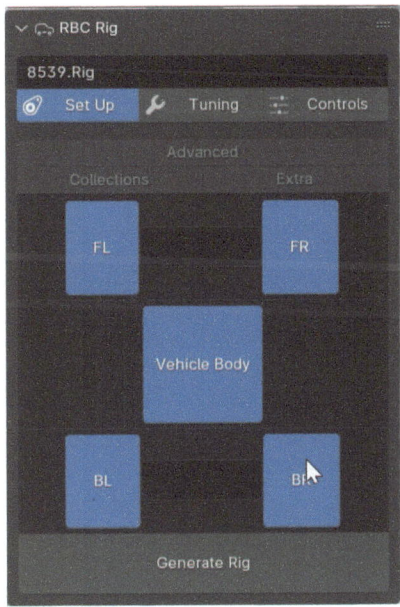

19 **Generate Rig**를 눌러주면 리깅 되면서 선들이 이리저리 연결된 모습을 볼 수 있으며 **Set Up** 창도 변화된것을 볼 수 있습니다.

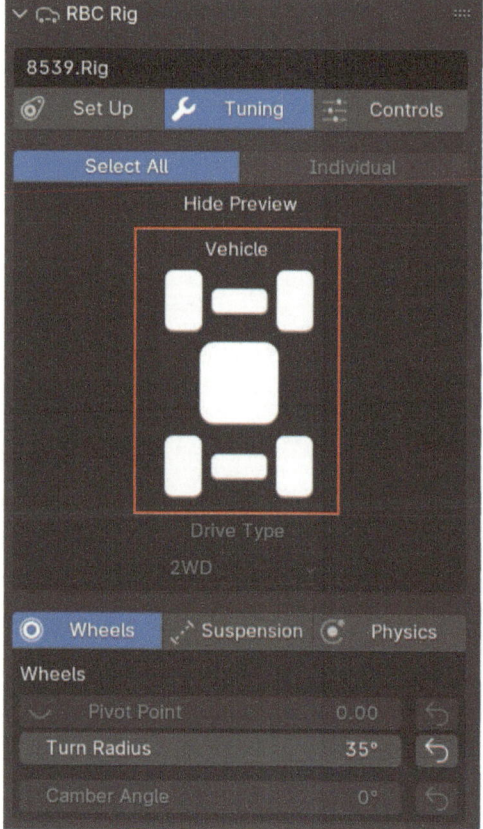

20 리깅이 완료되어 세팅값을 변경해보도록 하겠습니다. 먼저 바퀴를 움직여보겠습니다.
Tuning - Wheels에서 Turn Radius의 값을 45로 변경해보겠습니다.
(변경된 모습을 확인할때는 플레이를 해주면 됩니다.)
45 클릭 후 플레이 해주면 사진과 같이 바퀴가 45도로 돌아간것을 볼 수 있습니다.

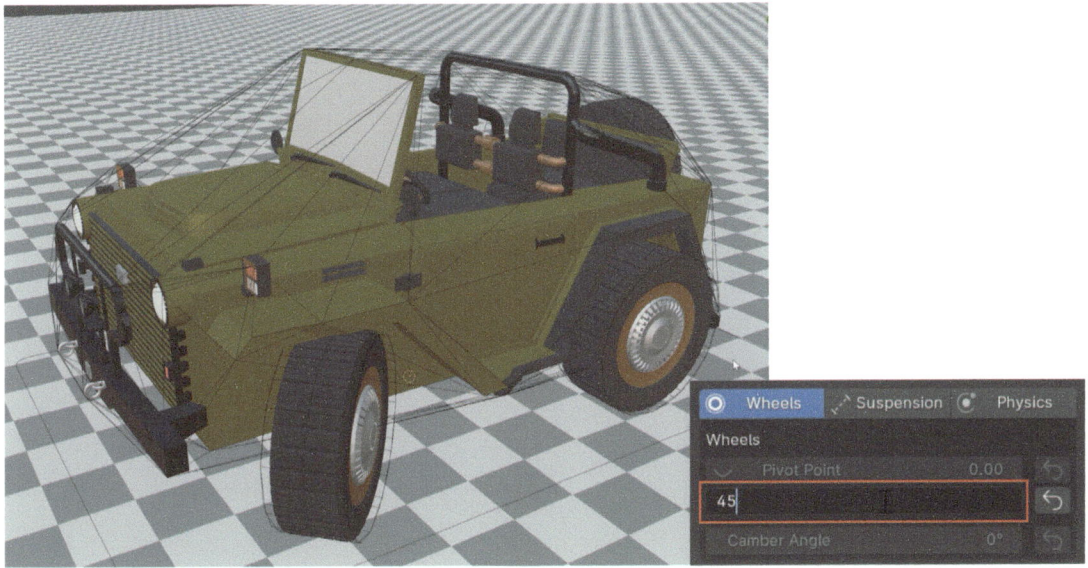

21 이번에는 90으로 변경해보겠습니다. 똑같이 Turn Radius의 값을 90으로 변경한 후 플레이하면
90도로 돌아간것을 볼 수 있습니다.
회전 상황에 맞게 변경하면되고 기본값으로 변경하고 싶다 하면 옆에 리셋(화살표) 버튼을 눌러주면
기본 세팅값으로 맞춰집니다.

22 ▶ **Suspension - spring stiffness**는 **스프링 강성**으로 높은 값일수록 더 탄력이 있으며, 낮은 값일수록 느슨해집니다.
▶ **spring damping**은 기본적으로 스프링이 얼마나 **탄력**이 있는지를 의미하므로, 0이면 매우 탄력이 있어 0에서는 지속적으로 바운스가 발생하므로 0 이상으로 유지하여 안정되도록 만들어줍니다.
* **Physics - Tire Friction**은 타이어 **마찰력**을 조절할 수 있는데 0이면 제자리에서 돌기 때문에 상황에 맞게 조절하면 됩니다.

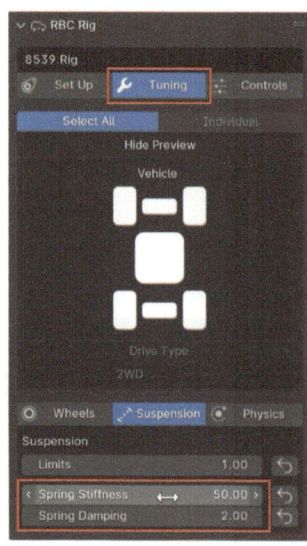

23 **Controls - Drivers**는 **차량이동**을 조절할 수 있습니다.
(컨트롤러와 키보드로 사용해서 조절하는것은 프로 버전에서 사용가능합니다.)
Drive로 이동을 할 수 있는데 양수(+)값은 앞으로 이동, 음수(-)값은 뒤로 이동이 가능합니다.
Steering은 -값은 왼쪽으로 회전, +값은 오른쪽으로 회전, 0값은 직진으로 이동시켜줍니다.
Brake는 정지기능입니다.

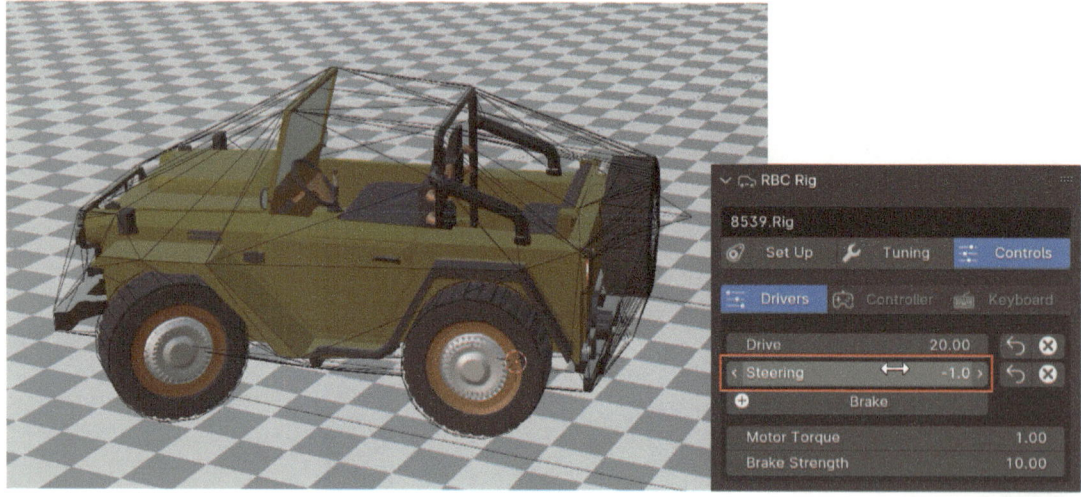

-1 : 왼쪽 회전

+1 : 오른쪽 회전

0 : 직진

24 마우스 오른쪽(**Insert Keyframe**)을 눌러 keyframe을 생성할 수 있습니다.

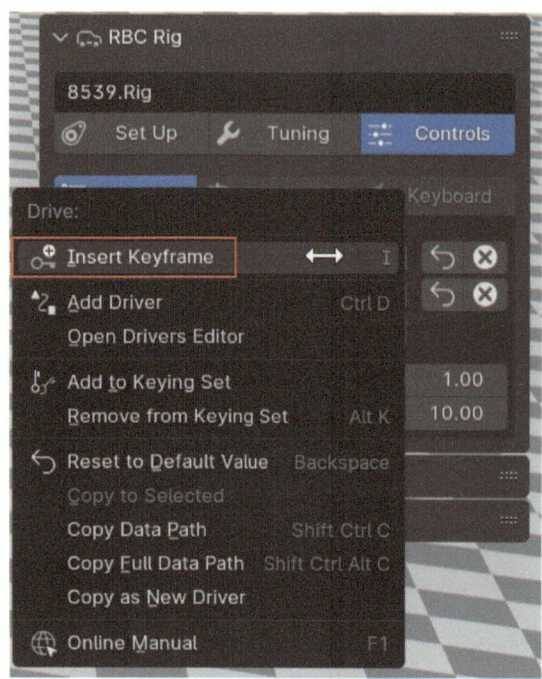

25 문제가 있는 경우에는 **Clear Rig**를 눌러 재설정할 수 있습니다.

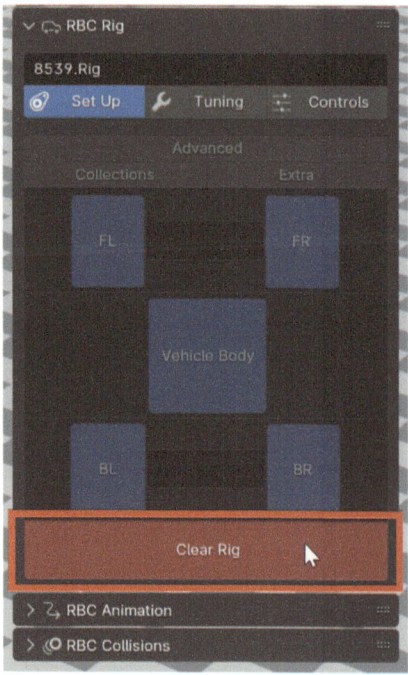

26 설정의 수치값을 원래값으로 돌리고 싶다면 **리셋 버튼**이나 **비활성화 버튼**을 눌러주면 됩니다.

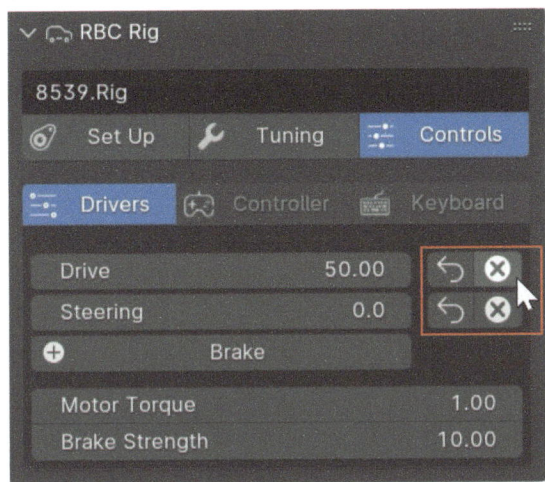

27 Render Engine이 EEVEE로 되어있습니다.
Cycles로 변경할 경우 자동차 오브젝트가 메시로 둘러싸여 있는것을 볼 수 있습니다.
작업 시 눈 아이콘을 꺼서 비활성화하면 정상적인 자동차 오브젝트를 볼 수 있습니다.

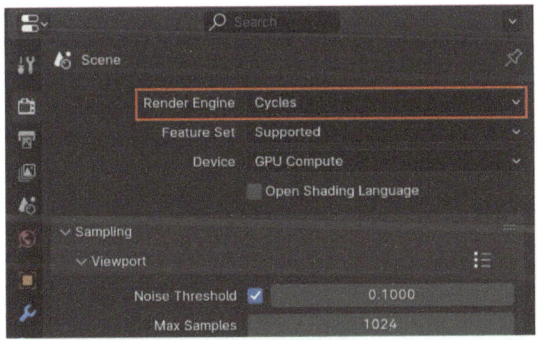
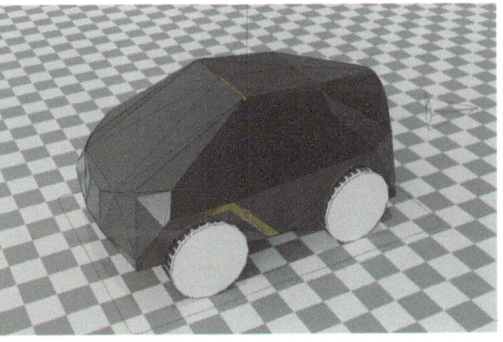

28 이름 바꾸기 기능은 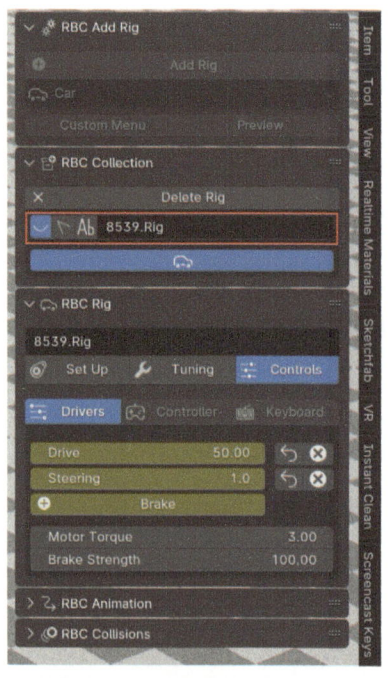 아이콘을 누르고 변경할 이름을 적으면 바로 바뀌는 모습을 볼 수 있습니다.

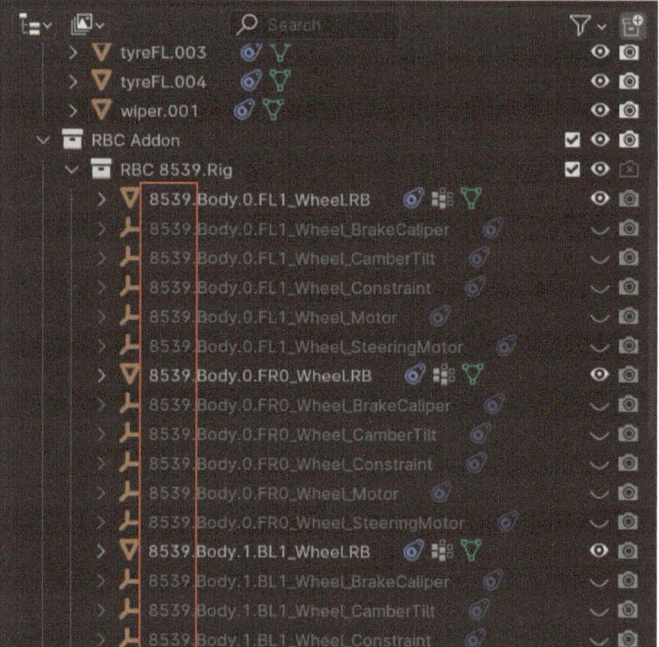
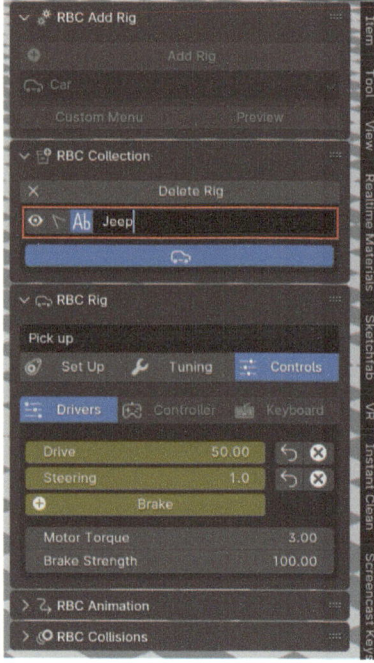
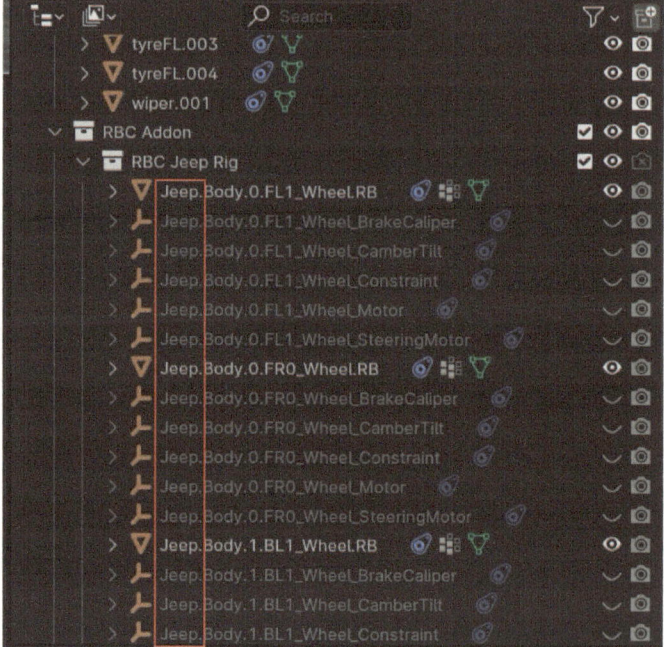

06
THE PLANT LIBRARY BIOME READER

06 The Plant Library Biome Reader

The Plant Library Addon은 170개 이상의 식물 자산이 포함된 팩입니다.
이것을 통해 최고의 환경 3D 아트를 만들 수 있습니다.

BLENDER ADD-ONS   103

01 설치방법은 간단합니다.
https://blendermarket.com/products/the-plant-library/?ref=110 사이트에 들어가서
Purchase 버튼을 클릭하여 다운받아주면 됩니다.
ASSETS-plant_library파일을 다운받아줍니다.
BIOMES-plant_library.scatpack파일도 다운받아줍니다.

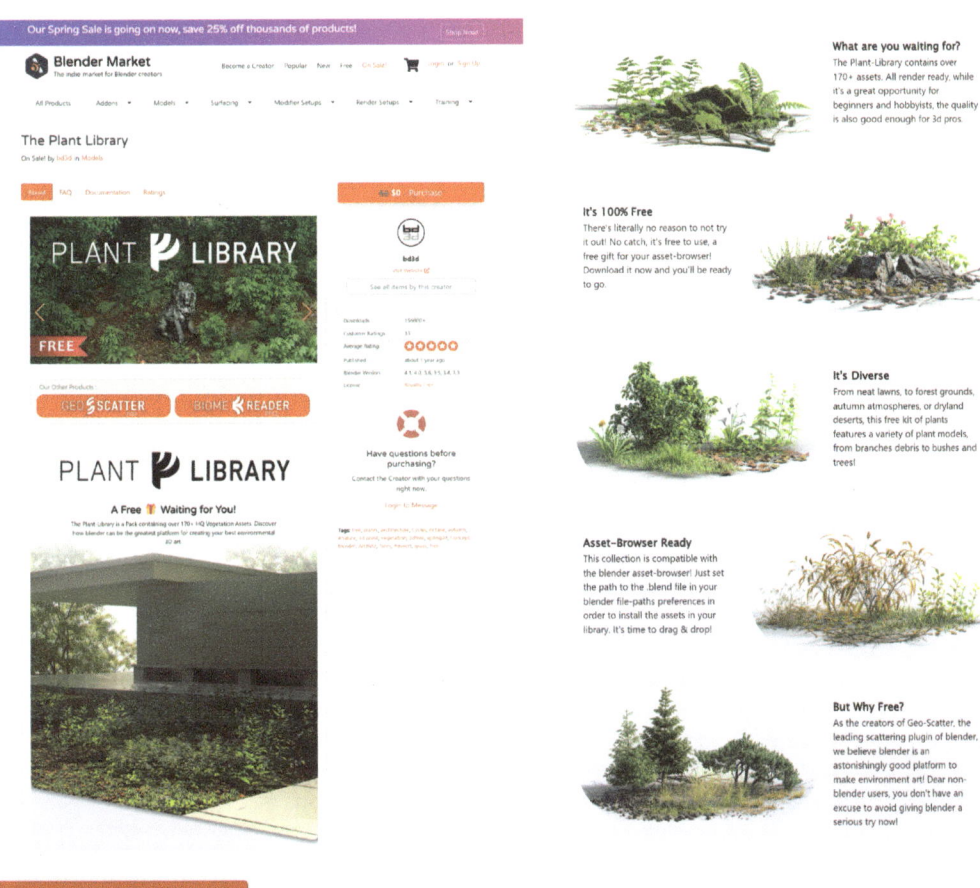

02 식물자산을 원하는 오브젝트에 뿌려주는 addon도 같이 설치를 할 것입니다. https://geoscatter.com/download.html 사이트에 들어가서 입력칸에 이름과 email을 입력한 후 Submit 버튼을 클릭해주면 됩니다.

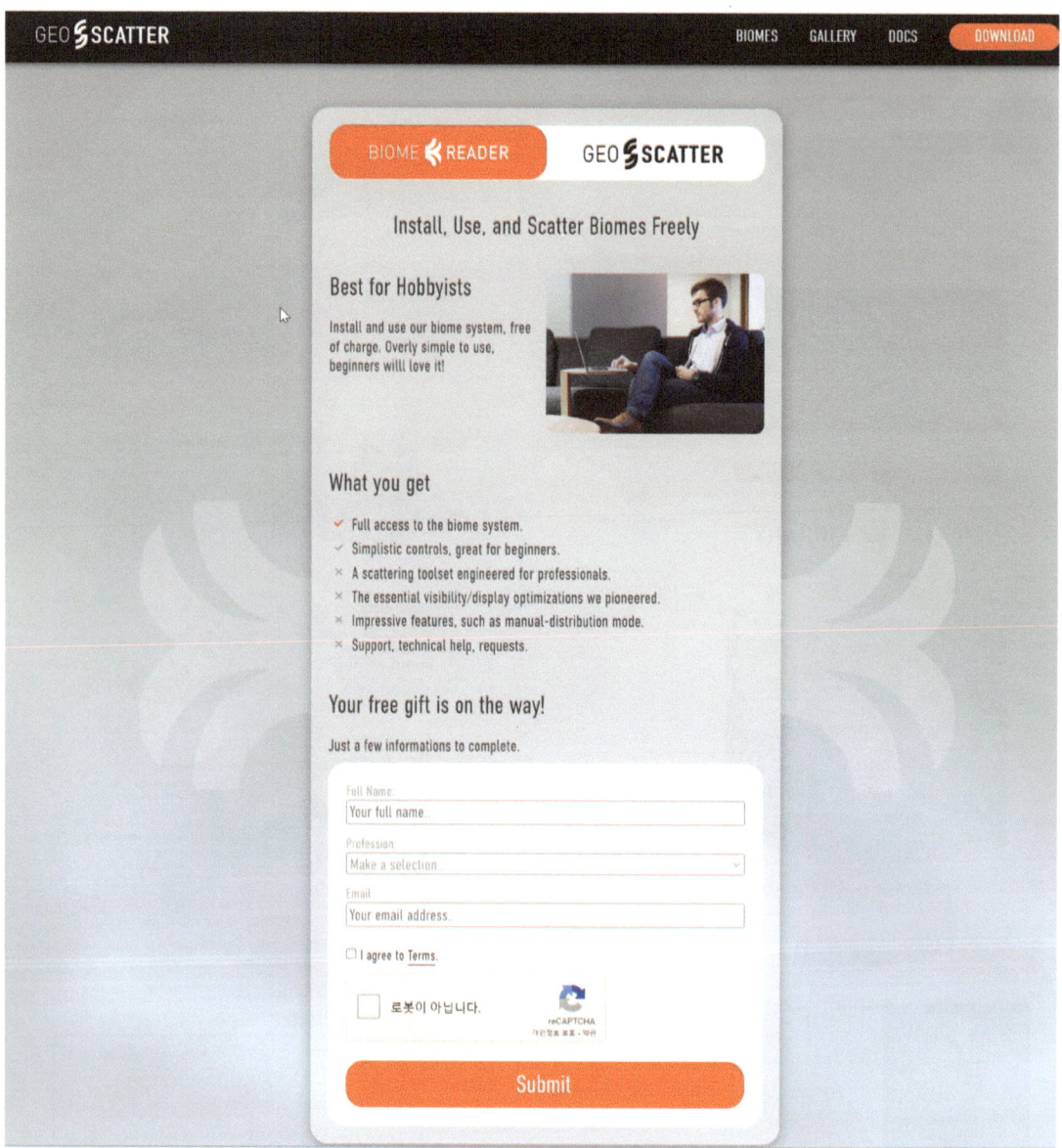

03 Blender에 들어가서 식물자산을 먼저 추가해주겠습니다.
Edit - Preferences - File Paths의 Asset Libraries창으로 이동합니다.
+버튼을 클릭하여 다운받은 **ASSETS-plant_library 파일**을 선택하고
Add Asset Library 버튼을 클릭합니다.
그러면 Asset Libraries에 다운받은 파일이 추가된것을 볼 수 있습니다.

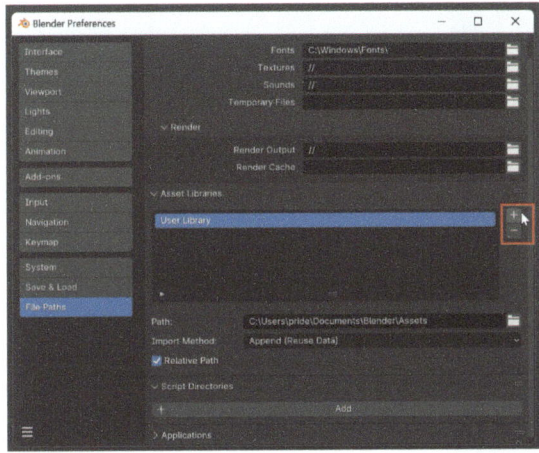

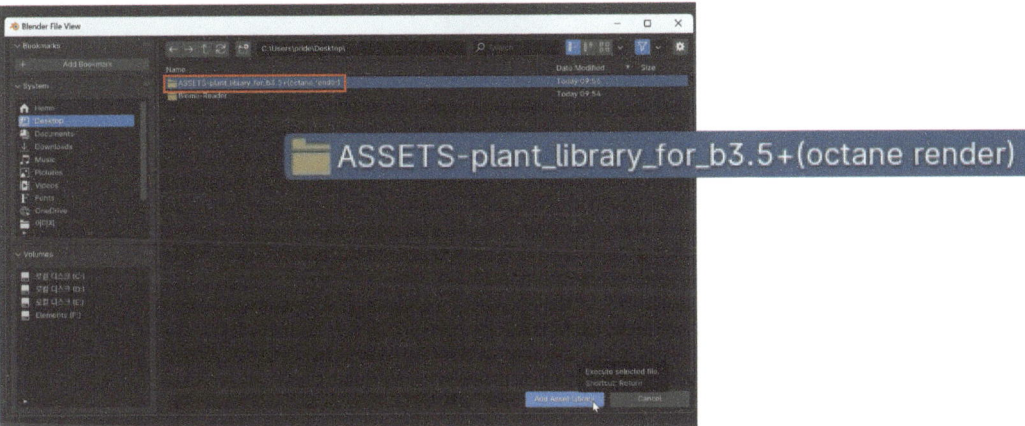

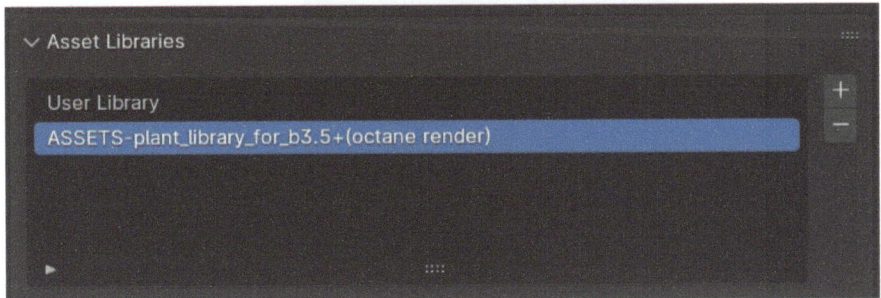

04 Biome-Reader Addon을 추가해주겠습니다.
Edit - Preferences - Add-ons의 Install아이콘을 클릭합니다.
다운받은 **Biome-ReaderPlugin.zip파일을 선택**하고 Install Add-on 버튼을 클릭하여 추가합니다.
그러면 Biome-Reader창이 나타나고 체크하여 활성화시켜주면 됩니다.
*Biome-Reader를 다운받을때 파일의 압축을 풀면 안됩니다.

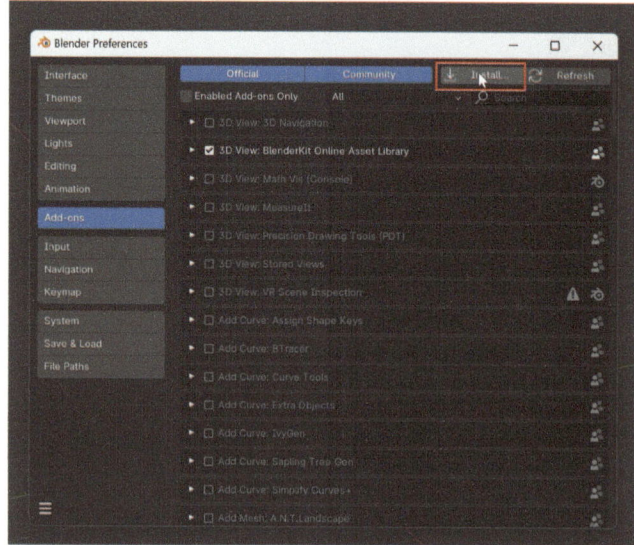

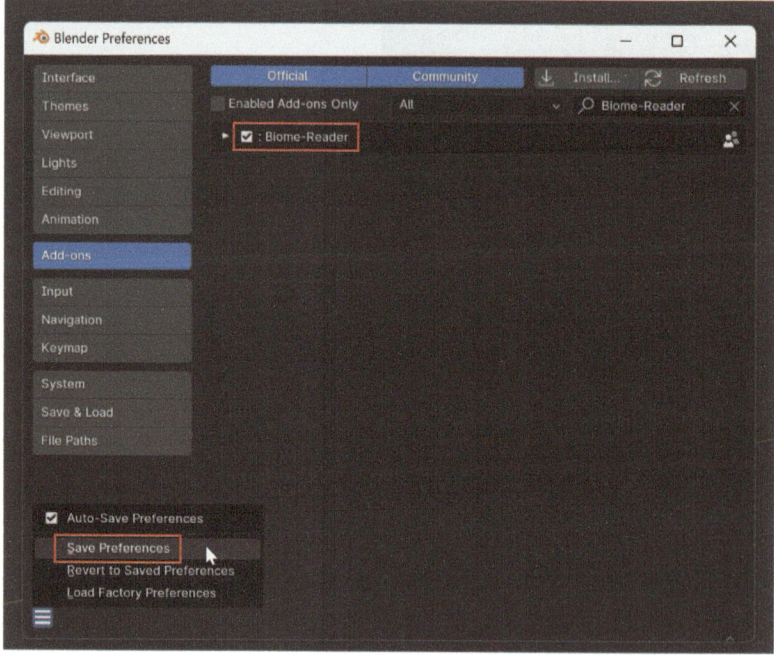

05 Biome-Reader Addon을 사용하는 방법을 알려드리겠습니다.
Biome-Reader를 적용시킬 오브젝트를 우선 생성해줍니다.
Plane을 생성해주었습니다.
Biome-Reader는 단축키 n버튼을 클릭하면 창이 나타납니다.
Biome Scatter의 Open Biomes 아이콘을 클릭합니다.

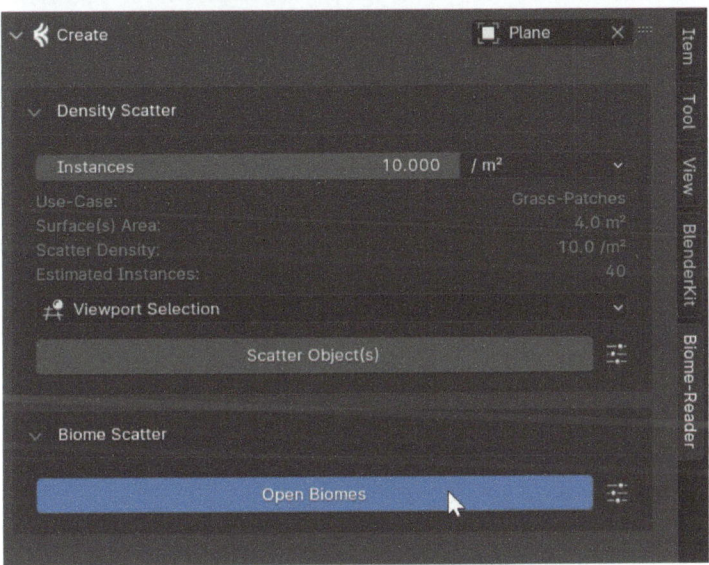

108 THE PLANT LIBRARY

06 **그러면 새로운 창이 나타납니다.** 이 창에서는 **Biome이 제공해주는 자산을 사용**할 수 있습니다.
아무것도 없기 때문에 추가를 해주겠습니다.
File - Install a Package를 클릭합니다.

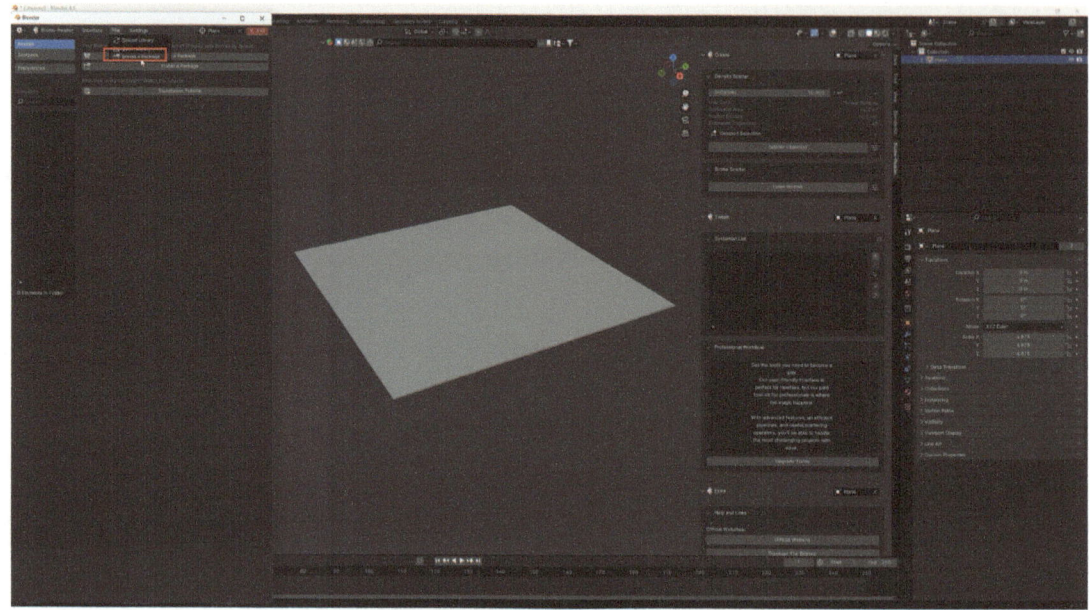

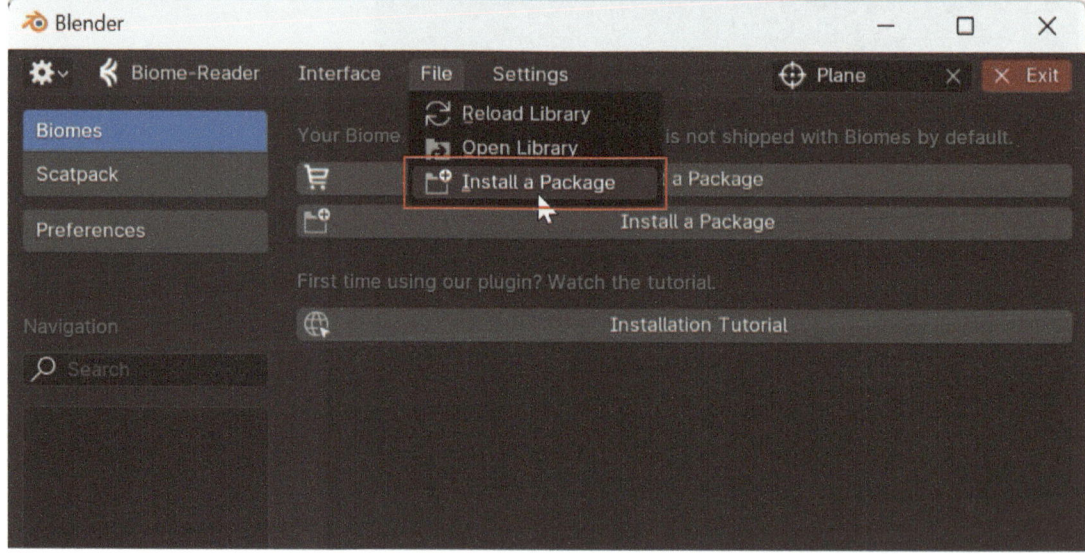

07 BIOMES-plant_library.scatpack 파일을 선택하고 Install a scatpack 버튼을 클릭합니다.
제대로 불러왔다면 **Installation Successful**창이 나타나며 위의 사진과 같이 여러 자산이 보이게 됩니다.

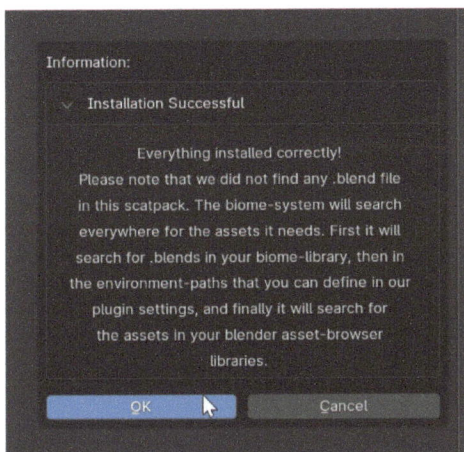

08 자산을 오브젝트에 적용하는 방법을 알려드리겠습니다.
Plane 오브젝트를 선택한 상태에서 원하는 자산 이미지의 +버튼을 클릭하면 됩니다.
그러고나서 시간이 지나면 Plane 오브젝트에 사진과 같이 여러 식물들이 배치된것을 볼 수 있습니다.

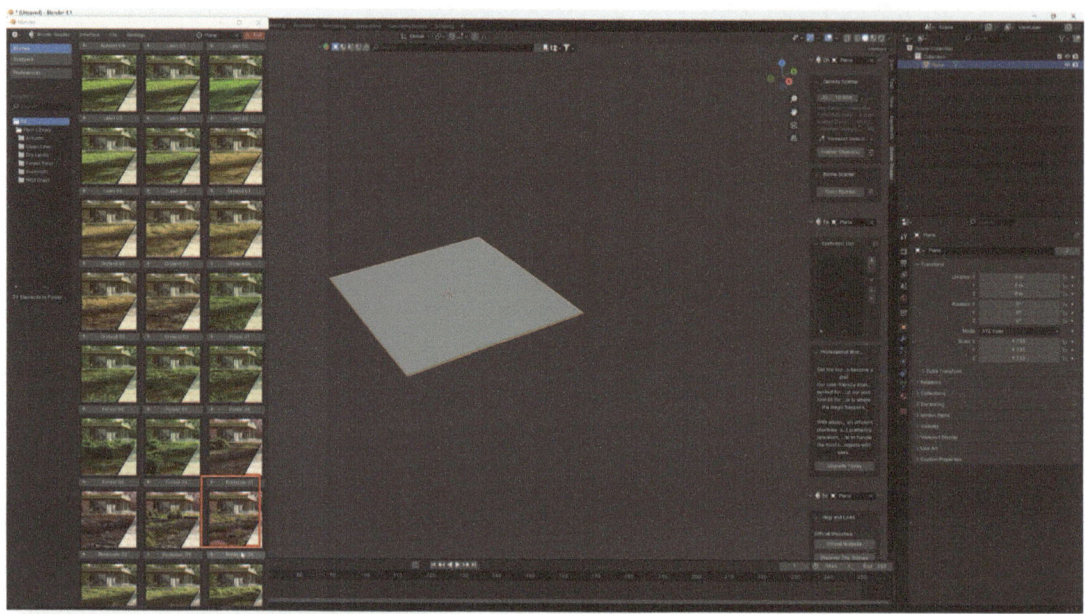

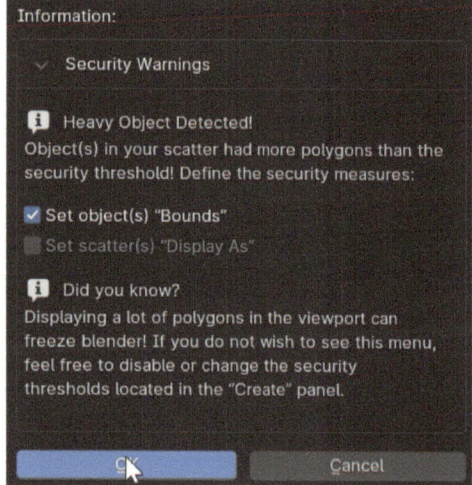

09 Plane 오브젝트를 선택하고 **Edit Mode**에서 **선을 이동시켜 늘려주면** 식물들이 알아서 plane에 맞춰지는것을 볼 수 있습니다.

10 Light가 없기 때문에 Sun Light를 추가해주겠습니다.
Sun Light를 추가하고 Strength 값을 10으로 올려준 후 원하는 방향으로 비춰주면 됩니다.
Rendered view로 보면 보다 높은 퀄리티로 볼 수 있습니다.
*지금 보고 있는 사진은 Eevee로 렌더링한 Rendered view입니다.

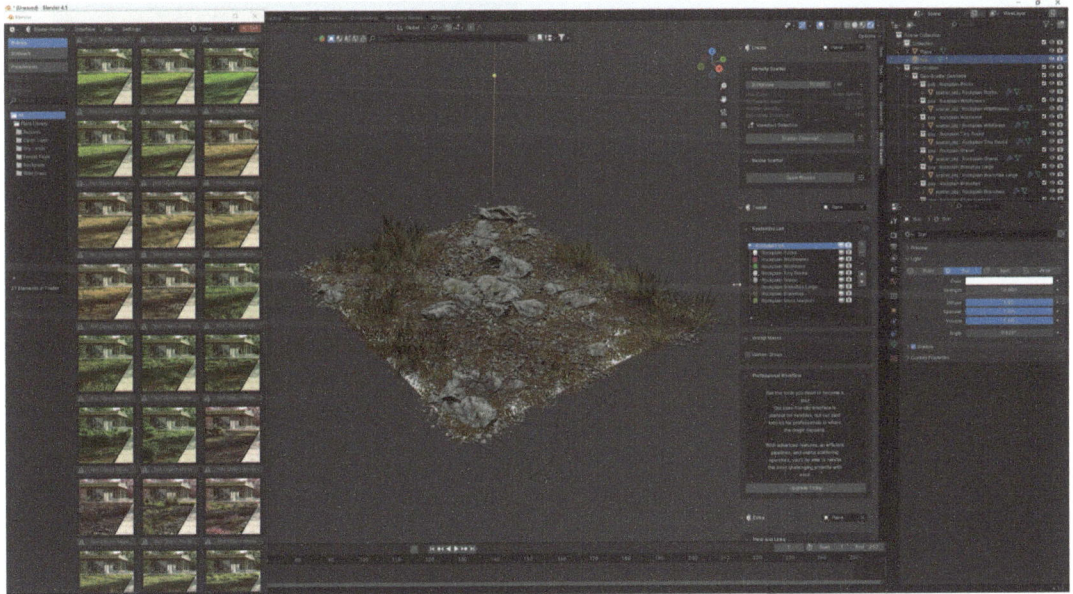

11 식물자산을 추가하면 **System(s) List**에 여러 Layer가 생기게 됩니다.
여기서 각각의 **식물의 세부적인 조절**을 할 수 있습니다.
간단하게 자주 사용하는 옵션을 알려드리겠습니다.

- Density : 밀도

- Seed의 Randomize 버튼을 누르면 식물의
  배치가 랜덤적으로 바뀌게 됩니다.

- Scale : 크기

- Random : 크기의 랜덤값

- Vertex-Group : Weight Paint를 통해 크기 조정

- Instances : 선택한 레이어에 사용된 오브젝트

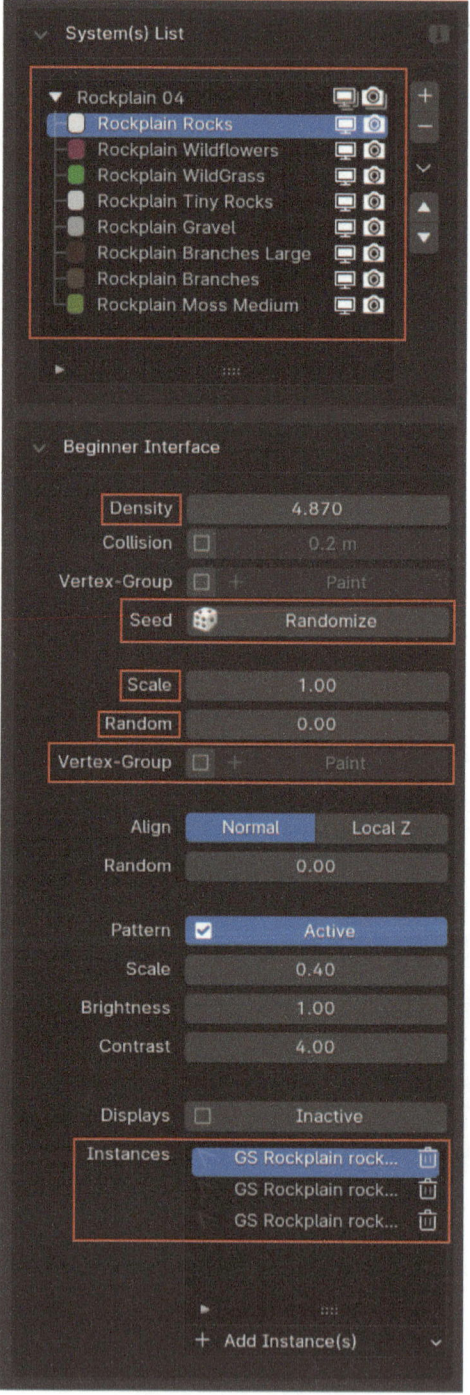

12 Plane을 추가로 생성하여 다른 자산을 넣어주겠습니다.
기존의 오브젝트가 아닌 다른 오브젝트에 Biome-Reader를 적용시키는 방법을 알려드리겠습니다.
Creat의 오브젝트 이름이 Plane으로 되어있습니다. 이 상태에서 자산을 추가하면 Plane에 추가가 되기 때문에 새로 생성한 Plane.001 오브젝트로 변경해줍니다.
자산을 적용시킬 오브젝트가 맞는지 확인 후 자산을 넣어주면 됩니다.

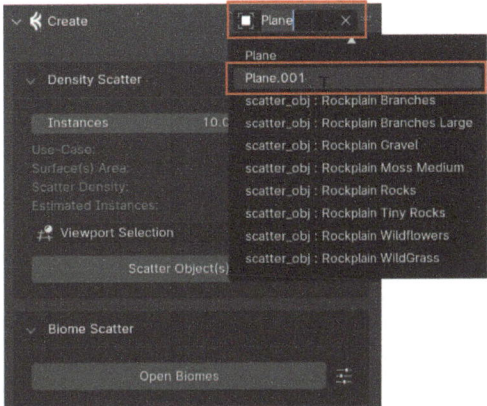
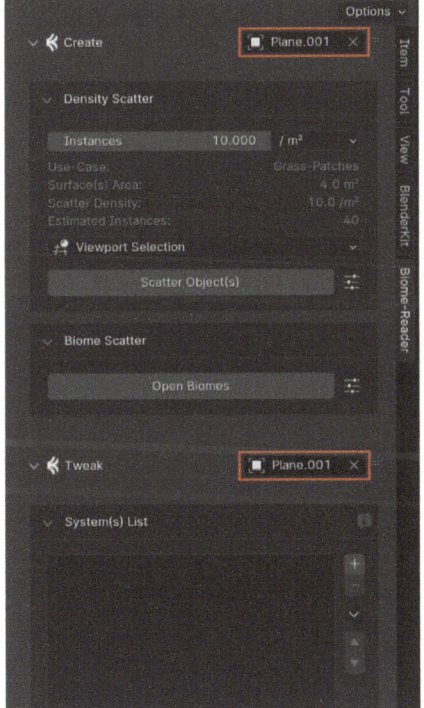

13 오브젝트를 추가하여 다른 자산을 넣어봅니다.

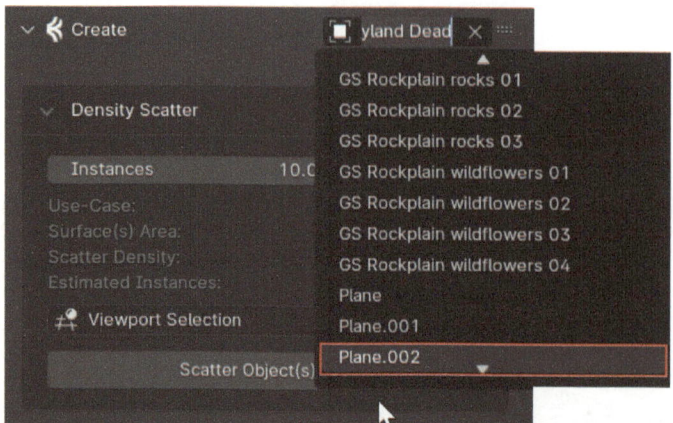

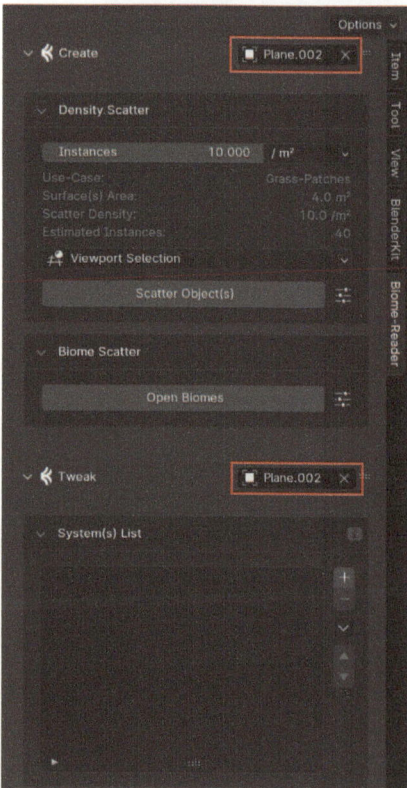

14 이번에는 **The Plant Library**로 추가한 자산을 사용해서 **Plane**에 식물들을 뿌려보겠습니다.
The Plant Library는 Asset Browser 창을 열면 볼 수 있습니다.
상단의 All 버튼을 클릭하고 ASSETS-plant_library파일 이름을 선택하면 식물들이 나타납니다.
Asset Browser에 있는 식물자산을 Biome-Reader를 통해 사용하기 위해 Biome-Reader의 Density Scatter창으로 이동합니다.
Viewport selection이라고 되어있는데 이것을 **Browser Selection**으로 변경해줍니다.

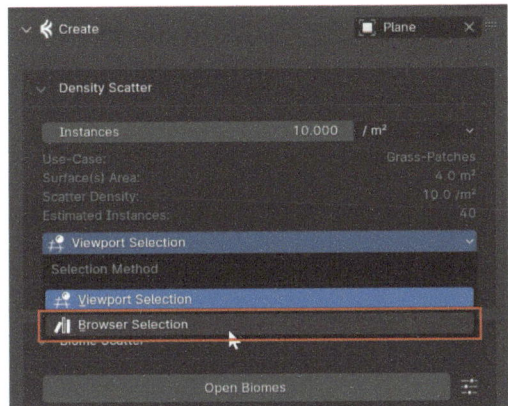
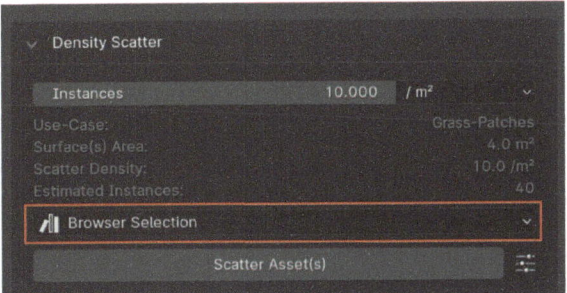

15 원하는 식물들을 여러 개 선택 후 **Scatter Asset(s)버튼**을 클릭하면 됩니다.

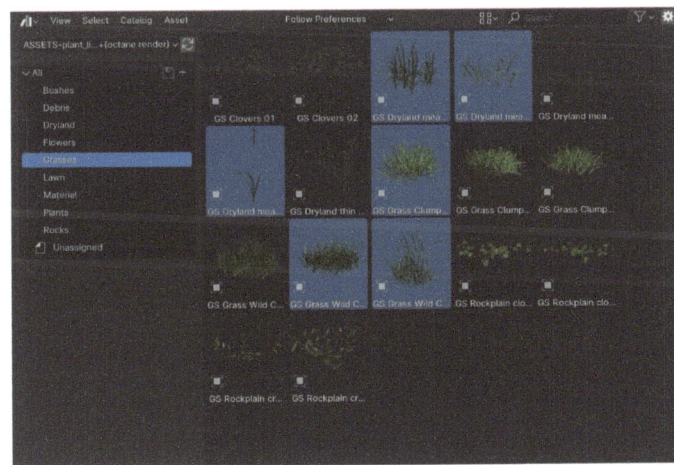
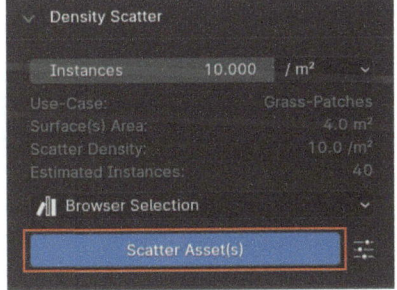

16 Plane에 선택한 식물들이 배치된 모습을 볼 수 있고, System(S) List에 Layer가 생성된것을 볼 수 있습니다.

17 조절할 때 식물들 중에서 제외시키고 싶은 식물이 있다면 Instances에서 휴지통 아이콘을 누르면 오브젝트가 삭제되어 적용되지 않게 됩니다.

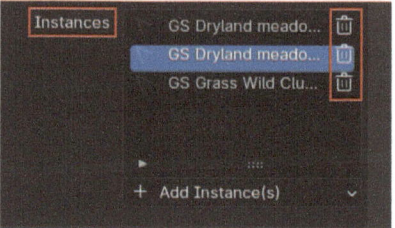

18 돌을 추가해보겠습니다.

Asset Browsers에서 돌을 선택한 후 Scatter Assets(s)아이콘을 클릭합니다.

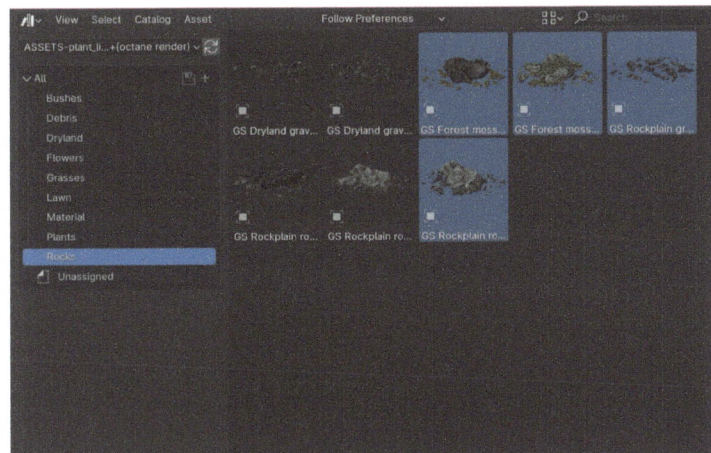
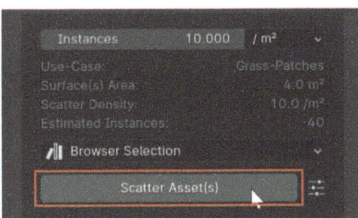

19 System(s) List에 레이어가 추가로 하나 생성된것을 볼 수 있습니다.

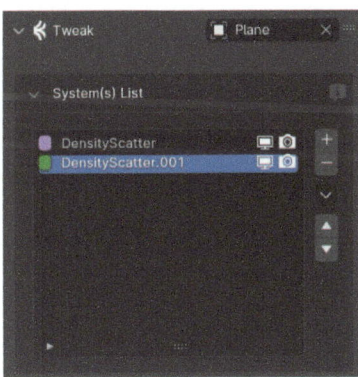

20 System(s) List에서 돌 레이어를 제외한 레이어의 눈을 꺼서 돌만 보이게 하여 세부조절을 합니다.

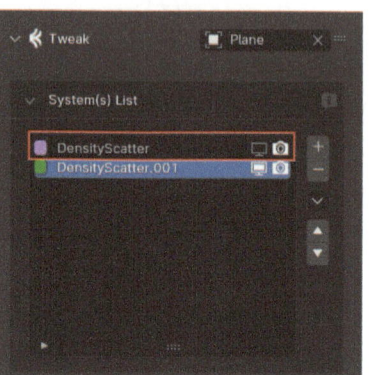

21 Weight paint를 활용하여 배치하고 크기를 조절할수도 있습니다.
Beginner Interface에서 Vertex-Group을 체크합니다.

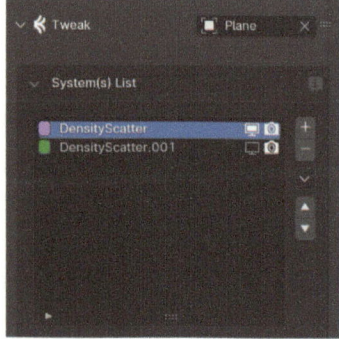
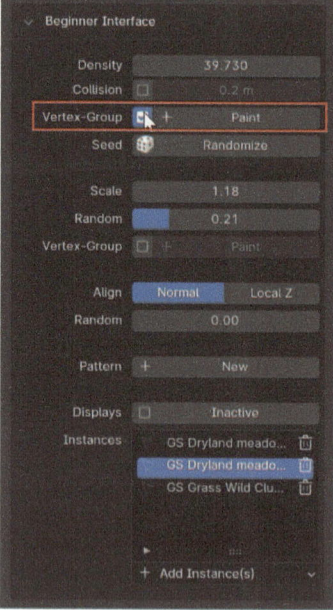

22 Vertex-Group의 Weight paint를 사용할때에는 면의 세분화가 되어있어야 합니다.
Plane을 선택하고 Edit mode에서 면을 선택하여 **subdivide로 면을 세분화**시켜줍니다.
면이 충분히 세분화가 되었다면 **Vertex-Group의 paint** 버튼을 클릭합니다.

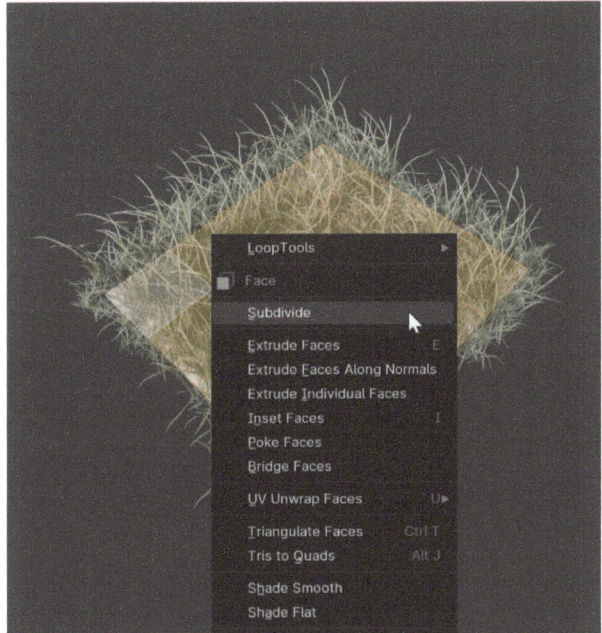

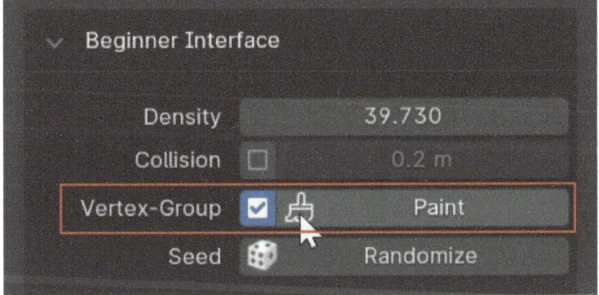

23 Vertex-Group의 paint 버튼을 클릭하면 **weight paint** 모드로 전환되면서 브러쉬를 사용하여 영역을 칠할수있게 됩니다.
빨간색 영역으로 갈수록 scale의 값이 0이되고 파란색으로 갈수록 1이됩니다.
위의 사진과 같이 칠하게 되면 가운데 대각선의 빨간색부분은 scale이 0이되기 때문에 식물이 안보이게 됩니다.

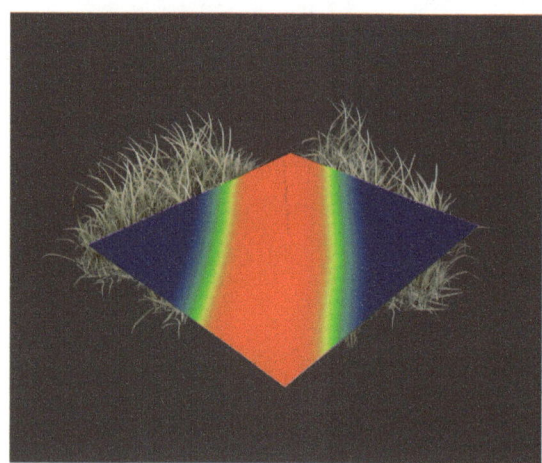 

24 Vertex-Group으로 인해 **비워진 공간을 다른 식물자산으로 채워보겠습니다.**
원하는 식물자산을 Asset Browser에서 선택하여 Scatter Asset(s)버튼을 선택하여 레이어에 추가합니다.

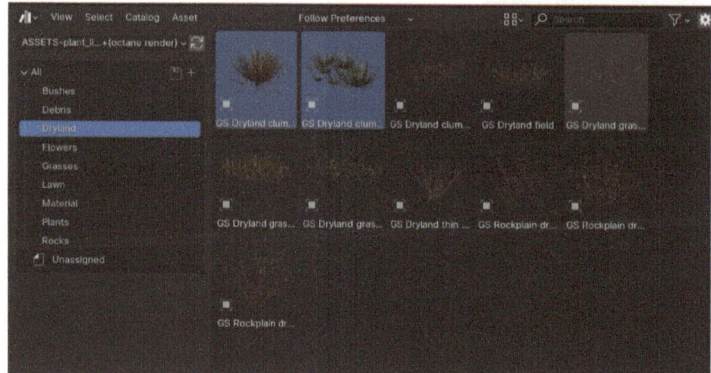 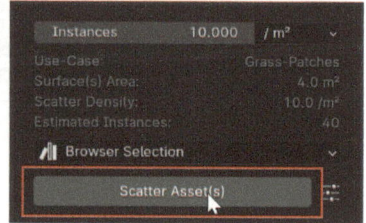

25 비워진 부분에만 식물자산이 나타나게 하고싶기 때문에 Vertex-Group을 활용하겠습니다. **비워진 부분을 파란색으로 나타나게 하고 나타나지 않게 할 부분을 빨간색**으로 나타나게 브러쉬로 칠해줍니다.
그러면 여러 식물자산들을 추가하여 꾸밀 수 있게 되었습니다.

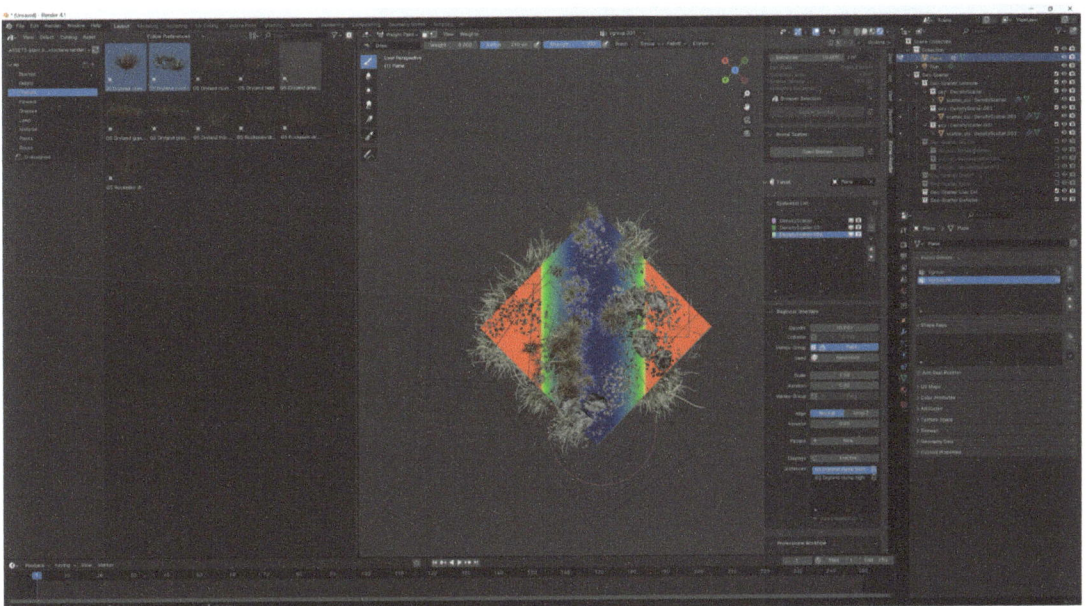

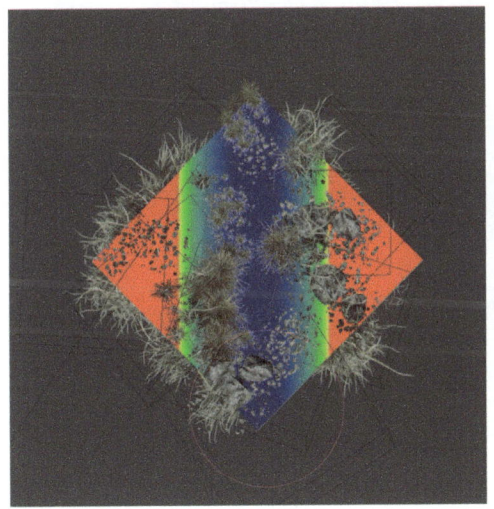

26 Plane의 선을 선택하여 이동해서 크기를 키우면 알아서 식물자산이 채워지는것을 볼 수 있습니다.
*Vertex-Group의 **weight paint 영역은 크기가 커졌다고 같이 영역이 커지지는 않습니다.**
크기를 키우고나서 다시 맞춰주어야 합니다.

27 마지막으로 Camera를 생성하여 원하는 view로 맞춰준 후 cycle 렌더링을 해보았습니다.

07
GSCATTER

07 Gscatter Blender4.1은 지원이 안됩니다.

분산 시스템을 생성하고 편집할 수 있는 Add-on입니다.
초원이나 숲과 같은 자연환경을 빠르게 만들 수 있습니다.

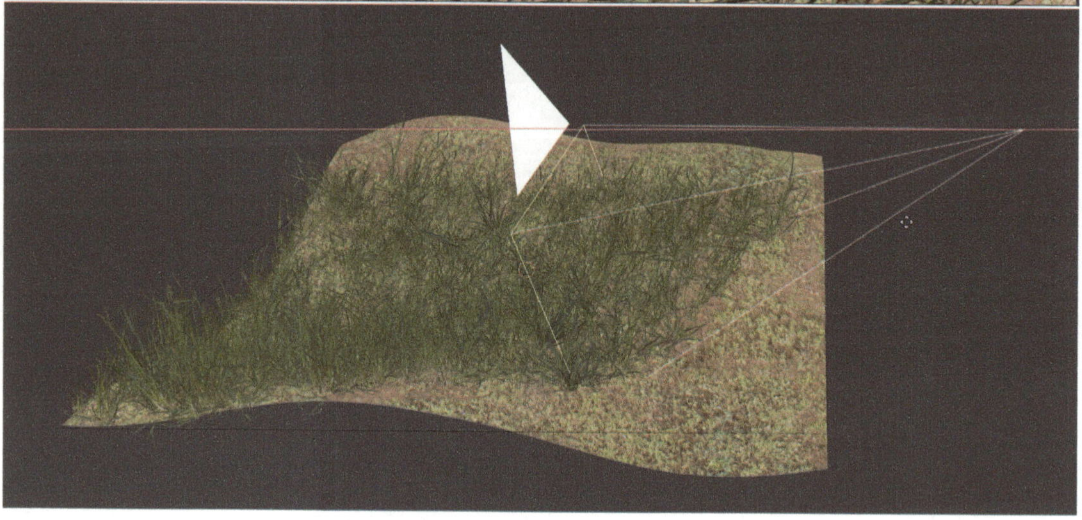

01 **https://gscatter.com** 주소 또는 **gscatter**을 검색하여 들어갑니다.
Download for free를 누르고 로그인을 해줍니다.

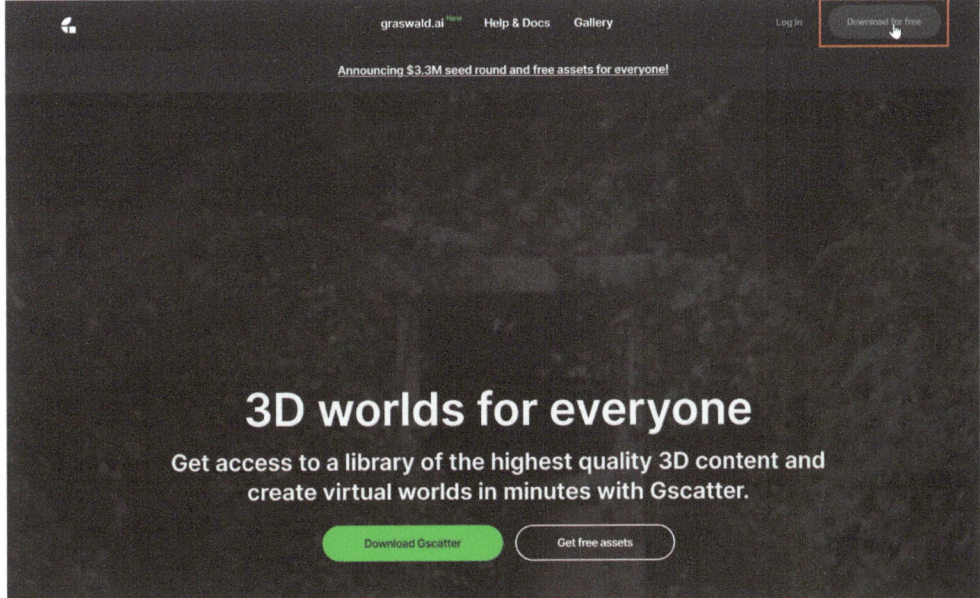

02 Download Gscatter을 누른 후 사용하는 블렌더 버전에 맞는 버전을 클릭하여 다운받아줍니다.

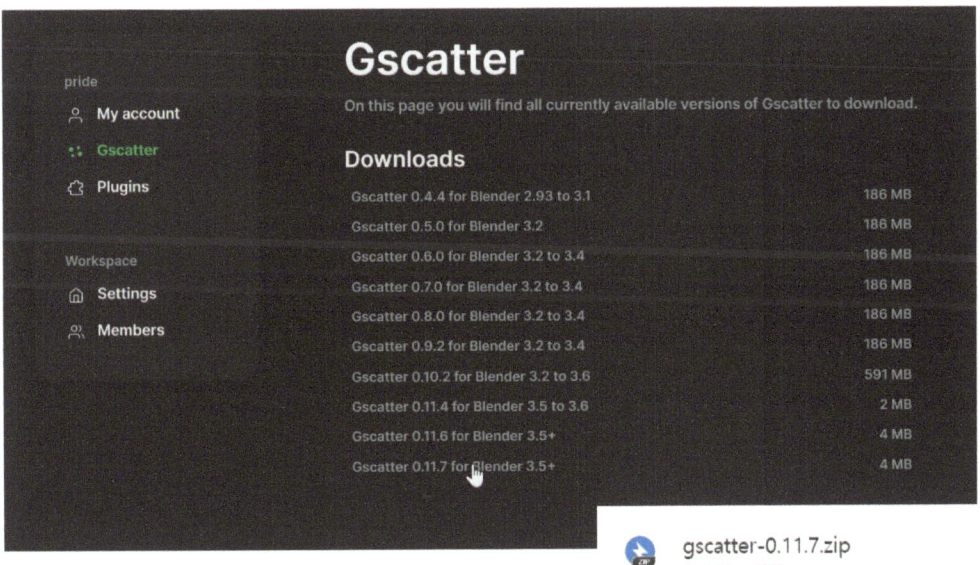

03 블렌더에서 **Edit - Preference - Add-ons** 으로 들어가 **Install**을 눌러줍니다.
다운받은 **gscatter zip파일**을 선택하여 **Install Add-on**을 눌러 불러온 후 박스를 눌러 **체크표시**하여
해당 애드온을 활성화시켜줍니다.

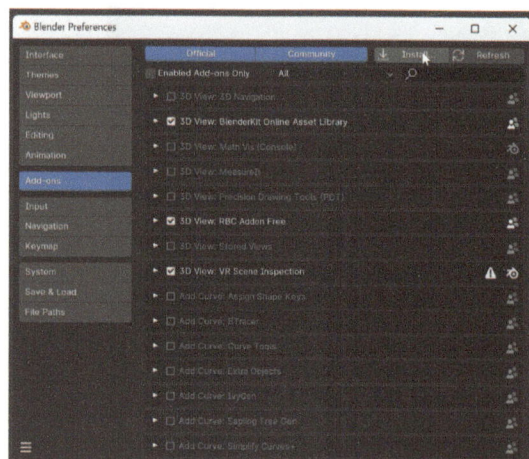 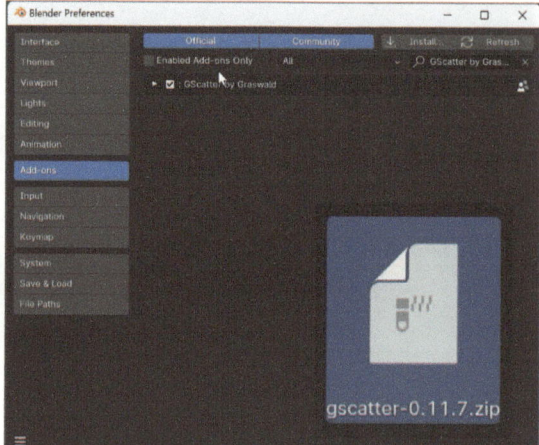

04 다시 gscatter 페이지로 돌아가 원하는 파트로 들어가주세요.
Field Meadow를 선택해보겠습니다.

05 Field Meadow에 여러 에셋들이 존재합니다.
원하는 **에셋을 선택** 후 **Download**를 눌러 다운받아줍니다.

06 다운로드 받은 에셋을 불러오겠습니다.
블렌더에서 아이콘을 클릭해주세요.
단축키 n을 눌러 나오는 창(GScatter)에서 **다운로드 아이콘**을 눌러 다운받은 field 파일을 불러옵니다.

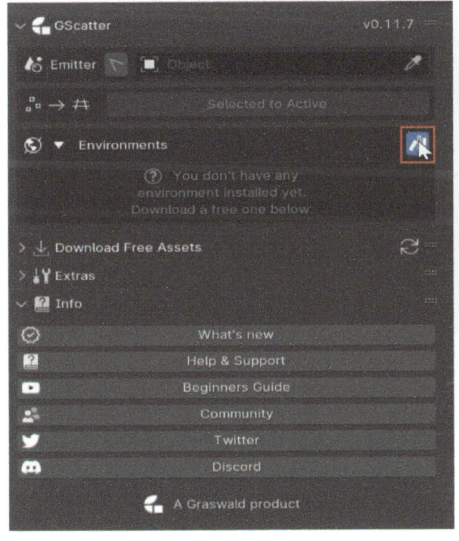

07 Gscatter에서 **초원 에셋**도 같이 불러오도록 합니다.
Pathside에 들어가 원하는 에셋을 선택한 후 다운로드 받아줍니다.

08 블렌더에서 아이콘을 클릭해주세요.
나오는 창에서 다운로드 아이콘을 눌러 다운받은 field 파일을 불러옵니다.

각각 다운받은 파일을 불러와 보면 **첫번째 에셋은 plane에 식물만 배치되어있고 땅이 표현되지 않았고, 두번째 에셋은 초원인 땅은 표현**되었지만 **식물이 배치되어있지 않았습니다.**

gscatter에서 두개의 다른 에셋을 불러와서 배치하는것이 좋습니다.

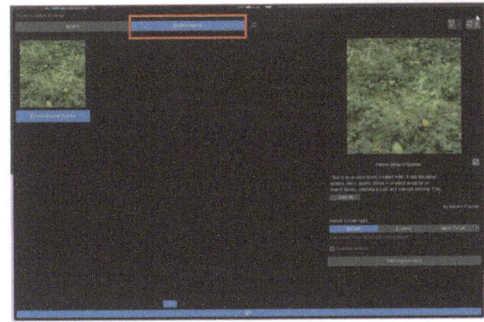

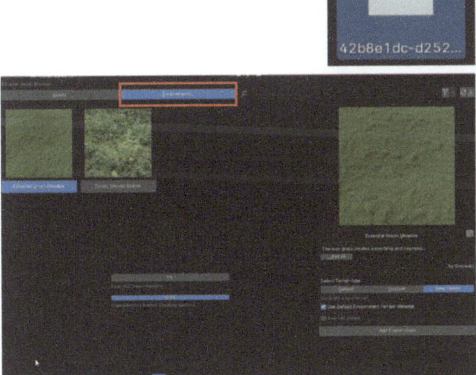
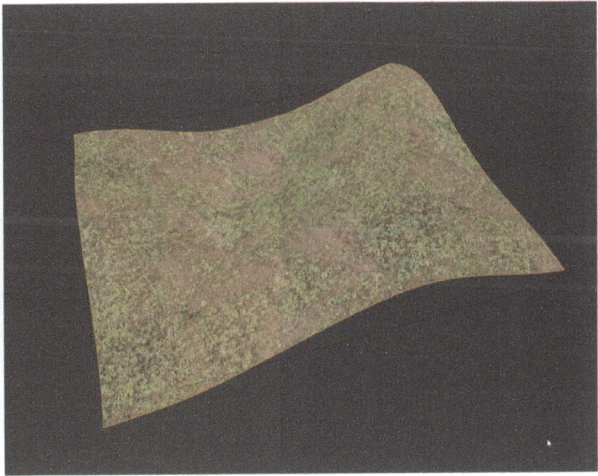

09 두개의 에셋을 불러와서 합친 모습입니다.

10 환경(Environments)을 불러올 때 **3가지 방법**으로 불러올 수가 있습니다.

첫번째는 **Default**입니다.
Default로 불러오면 아래의 사진과 같이 **Plane으로 자동 생성**되어 불러와지는것을 볼 수 있습니다.

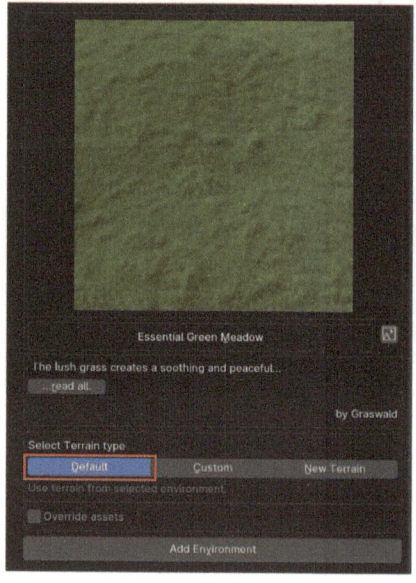

11 두번째는 **Custom**입니다.

Custom으로 불러올 때는 불러오기 전에 먼저 원하는 형태의 지형을 불러옵니다. (예시: circle) custom을 누르면 Terrain 옆에 ▨**스포이드 아이콘**이 있는데 **아이콘 클릭한 후 Object(circle)를 누르고 add environment를 눌러주면** circle안에 불러와진것을 볼 수 있습니다.

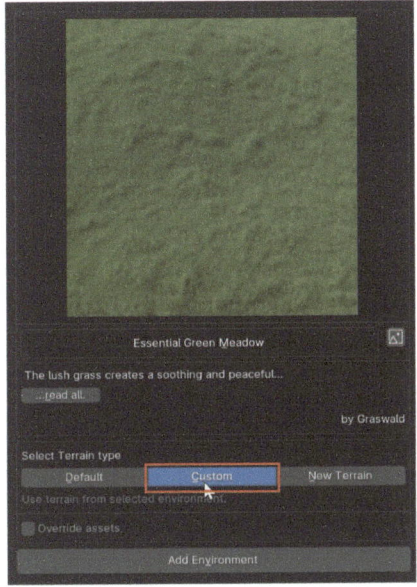

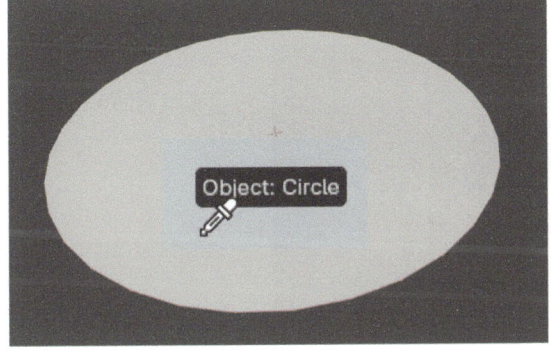

12 세번째는 **New Terrain**입니다.

New Terrain으로 불러올 때는 **object가 없어도 됩니다.**
Use Default environment terrain material에 체크표시가 되어있는 상태에서 add environment를 눌러주세요.
그러면 땅의 형태가 굴곡있게 생성되어 불러와집니다.

13 Environment Properties의 화살표를 내리면 에셋들이 나오는데 각각 숫자를 조절하여 각 식물의 숫자를 조절할 수 있습니다.

14 **Add Effect Layer**에서 여러 레이어를 쌓아 세부조정을 할 수 있습니다.
Distribution, Scale, Rotation, Geometry 를 선택하여 각각에 해당하는 옵션의
세부조정이 가능합니다.

Distribution은 식물의 분배에 대한 조절을 할 수 있습니다.
Scale의 크기, Rotation은 회전에 대한 조절이 가능합니다.

Distribution에서 가장 많이 사용되는 **Layer**는 **Noise**입니다.
Noise를 사용해서 **랜덤적으로 식물을 배치**시킬 수 있습니다.
저장되어있는 Noise 에셋을 사용하여 배치시킬수도 있고 Noise의 옵션을 조절하여 배치를 원하는만큼
수정할수도 있습니다.

아이콘을 눌러서 저장되어있는 에셋을 불러와서 다양하게 배치할 수 있습니다.
화살표 아이콘을 누르면 **세부적인 조절**을 할 수 있습니다.

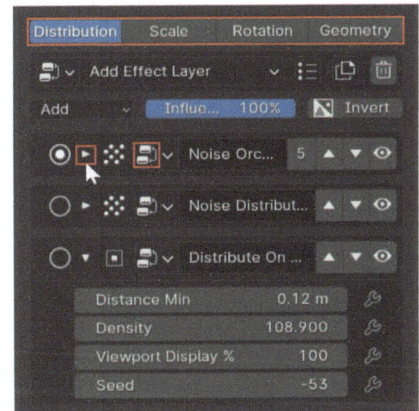
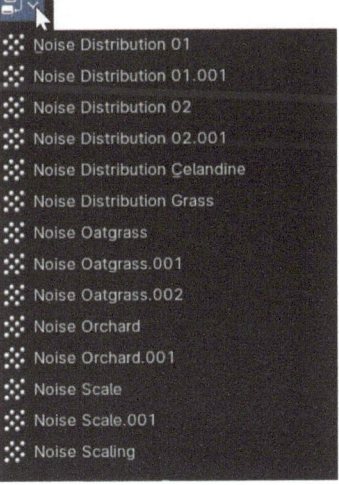

15 **Influence**는 선택된 레이어의 속성이 **얼마만큼 영향을 주는지를 조절**할 수 있습니다. ◉ 아이콘이 선택된 Layer이며 ◯ 아이콘은 선택되지않은 Layer를 뜻합니다.

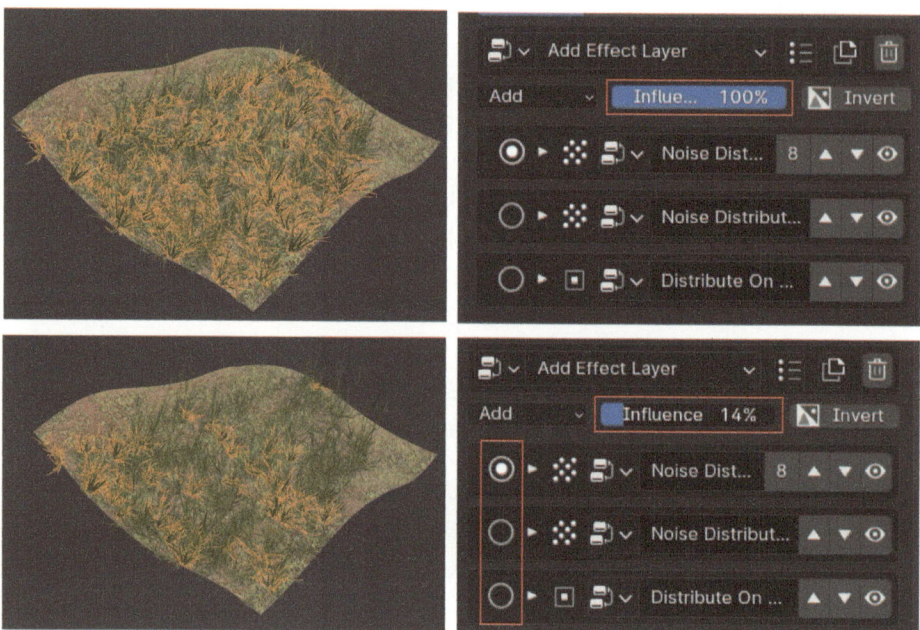

16 **Invert**는 속성의 영향을 반전시켜줍니다.

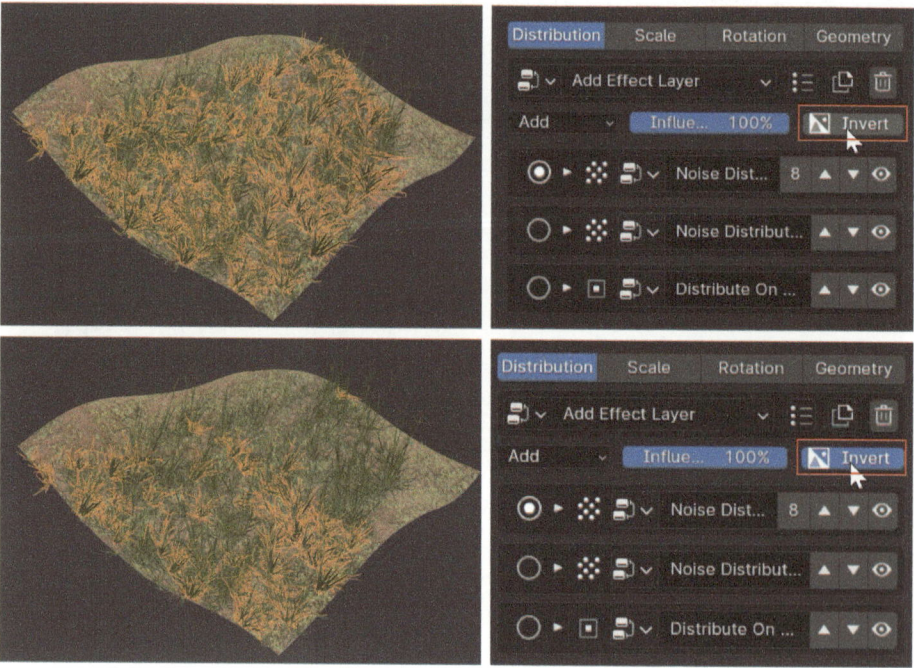

17 위에 한번 언급된것처럼 화살표를 누르면 상세 조절창이 나옵니다.

Density는 밀도를 조절할 수 있습니다.
Density 값이 높으면 높을수록 풀이 촘촘하게 채워집니다.

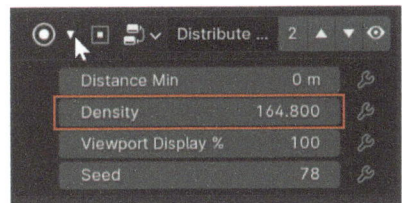

18 **Viewport Display**는 화면에 보이는것을 조절해줍니다.
Density와 Seed로 조절한 풀을 얼마만큼 보여줄지를 결정할 수 있습니다.

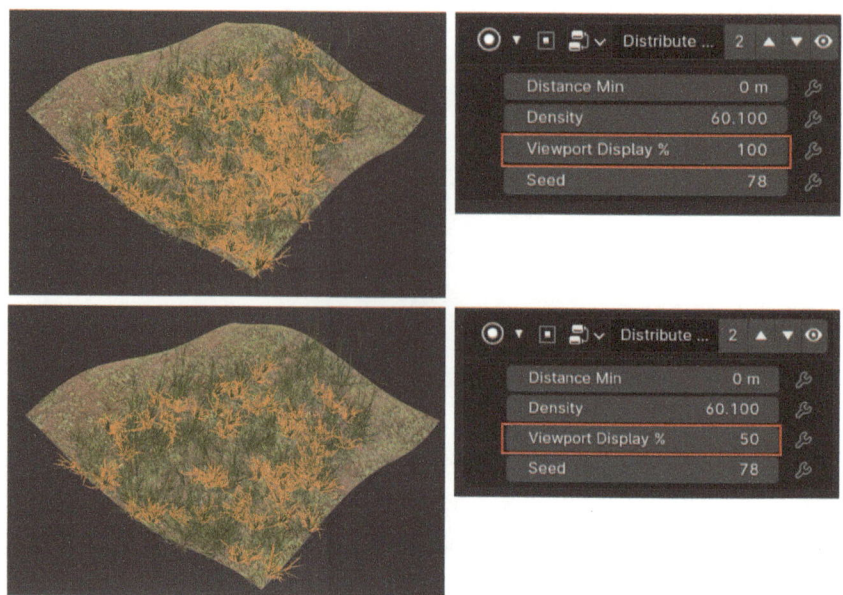

19 **Seed**는 값을 변경하여 **풀의 위치를 랜덤**하게 배치시켜줍니다.

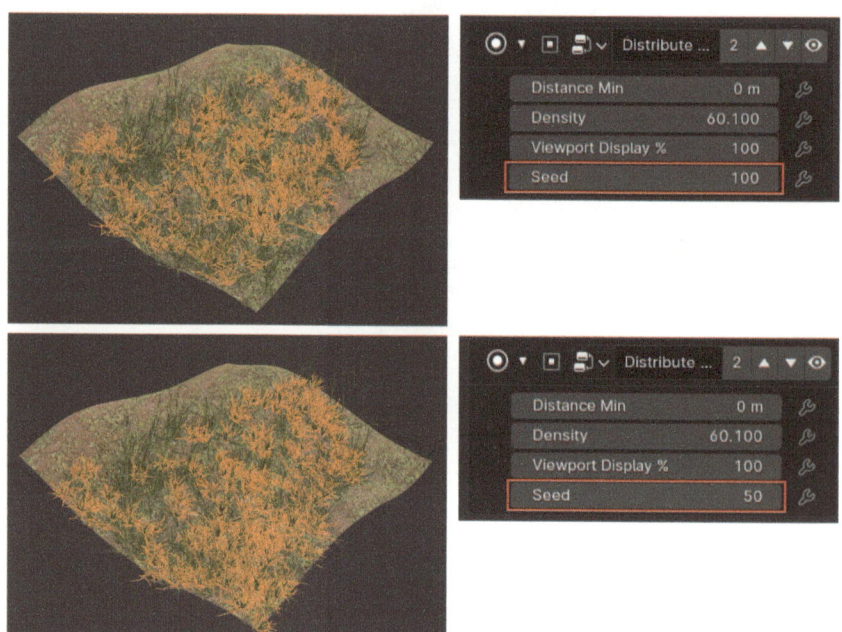

20 **Rotation** - Add effect layer을 누르면 **wind**가 있습니다.
wind layer를 추가한 후 animation을 재생시켜봅니다.
그러면 **바람에 영향을 받아 풀이 흩날리는 느낌**을 볼 수 있습니다.

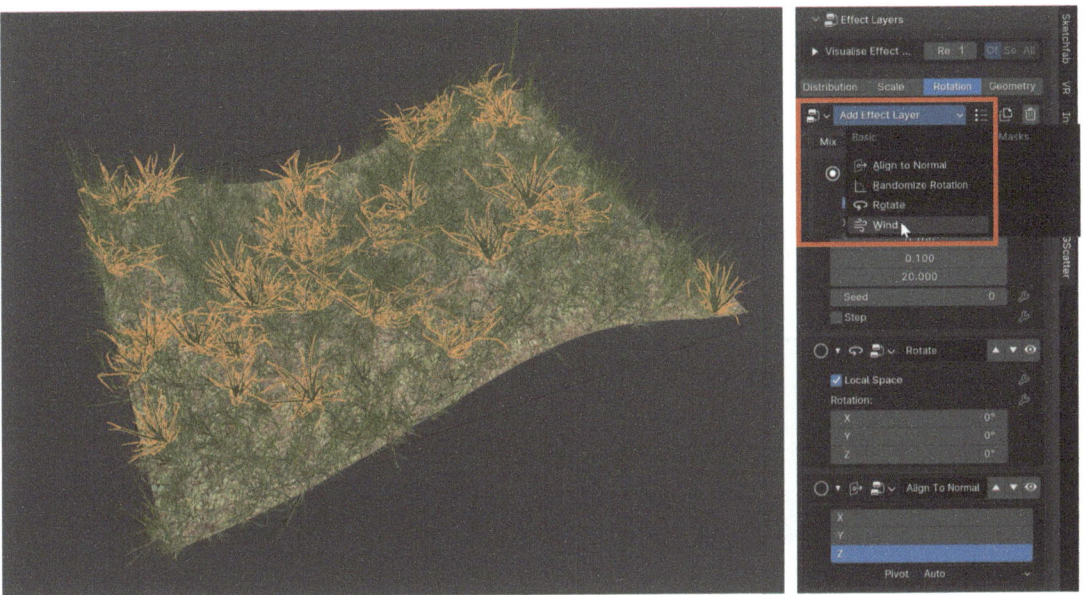

21 Wind의 상세 설정창에 speed, strength, detail, scale 등으로 바람의 스피드 세기 등의 조절을 할 수 있습니다.

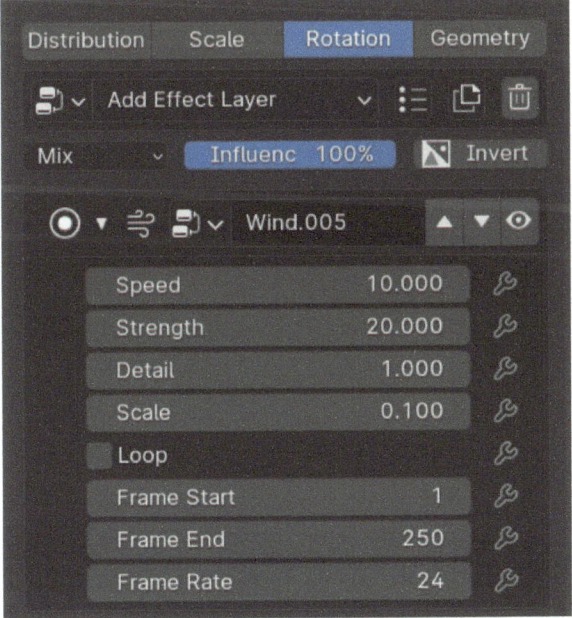

22 **Camera에 보이는 View에만 풀이 나오도록** 하는 방법을 알려드리겠습니다.
단축키 Shift + A - Camera를 눌러 카메라를 불러옵니다.

23 원하는 view로 렌더링을 할 수 있도록 카메라를 움직여 잡아준 후
단축키 넘버패드 0번을 눌러 카메라 위치를 확인하며 조절해줍니다.

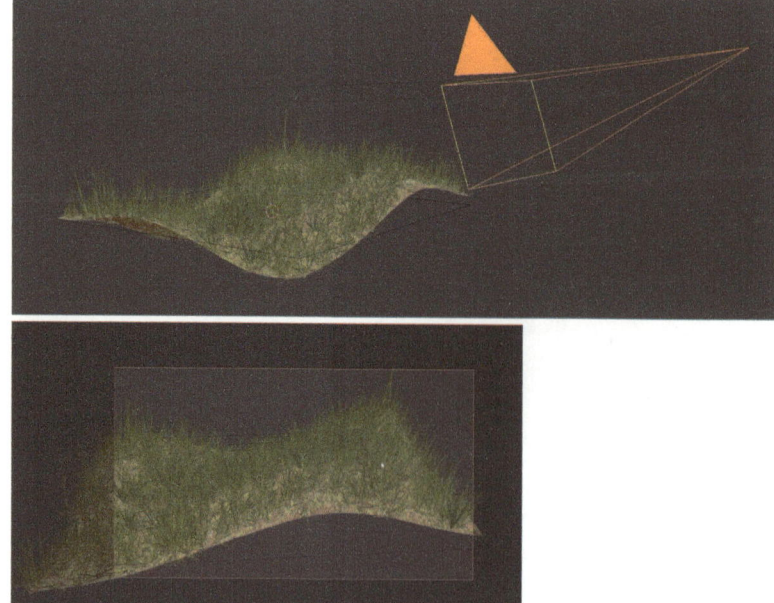

24 단축키 Shift + A - Light - Sun을 눌러 라이트를 불러옵니다.
빛의 세기랑 방향을 조절하여 배치해줍니다.

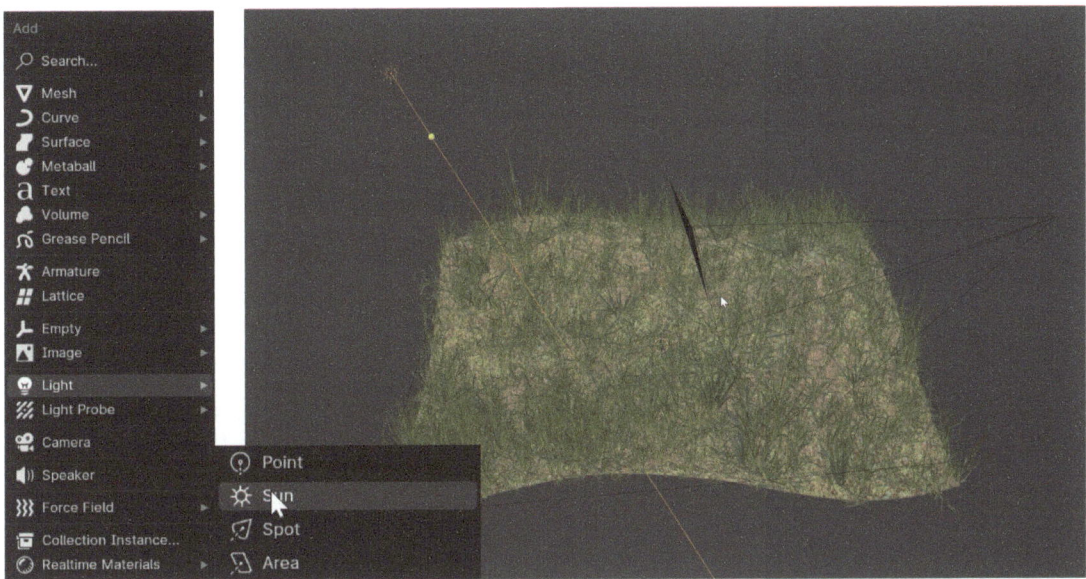

25 **Optimization**을 누르고 **Camera Culling**를 체크하여 **활성화**시켜주세요.

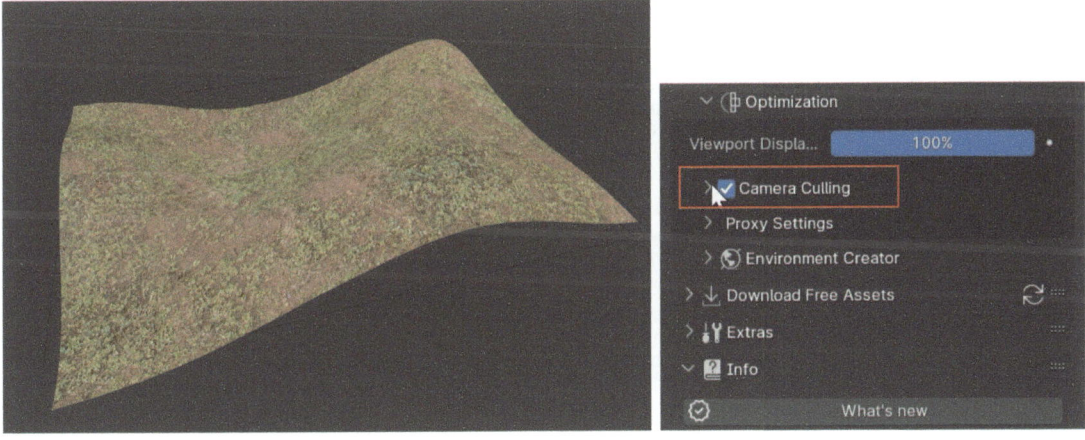

26 카메라 옆의 **스포이드 아이콘을 누른 후 배치되어 있는 카메라를 선택**하여 카메라를 적용시켜줍니다.

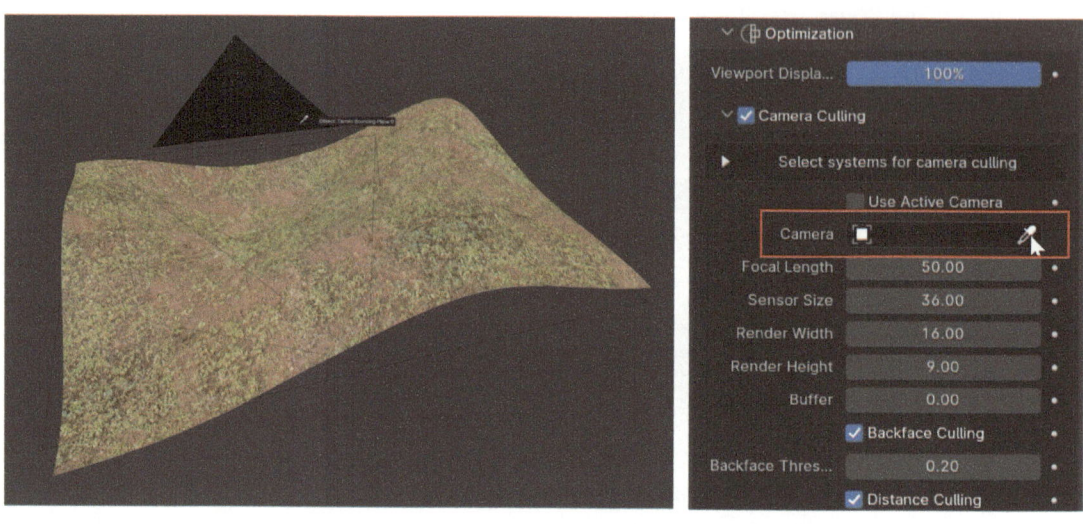

27 **카메라뷰가 나오는 곳에만 풀이 보이는것**을 확인할 수 있습니다.
카메라 뷰에 닿는 부위에만 풀이 나타나도록 적용되어 알아보기 **쉽고 빠르게 움직이는데 도움**이 됩니다.
Camera를 여러 방향으로 움직여보면서 확인해봅니다.

 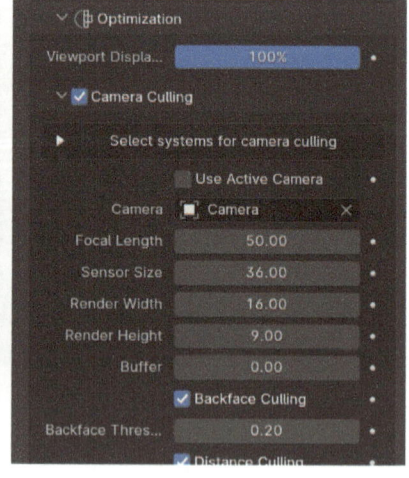

28 Gscatter에서 환경이 아닌 **에셋만 불러와서 적용**시킬수도 있습니다. 이 방법을 알려드리겠습니다.
Gscatter에서 단순 에셋만 다운받은 후 블렌더로 돌아갑니다.

에셋을 적용시킬 object를 불러와줍니다.
단축키 Shift + A - mesh - plane을 불러옵니다.

29 Emitter 오른쪽에 있는 🔲 **스포이드 아이콘을 누른 후 plane**을 눌러줍니다.
Environment 옆의 🔲 아이콘을 클릭해주세요.
그러면 나오는 창에서 🔲 다운로드 아이콘을 눌러 다운받은 에셋 파일을 불러올것입니다.

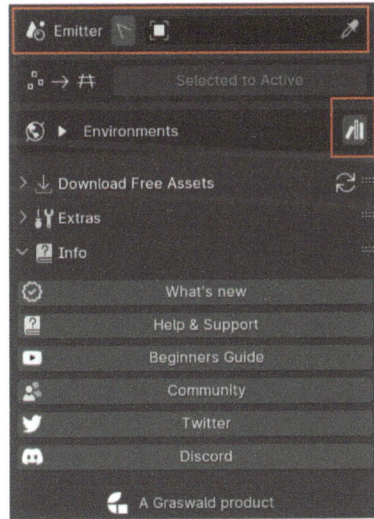

30 Gscatter Asset에서 원하는 에셋을 선택한 후 **Level of Detail**을 선택한 후 **scatter selected**를 눌러 불러와주세요. (예시는 1)

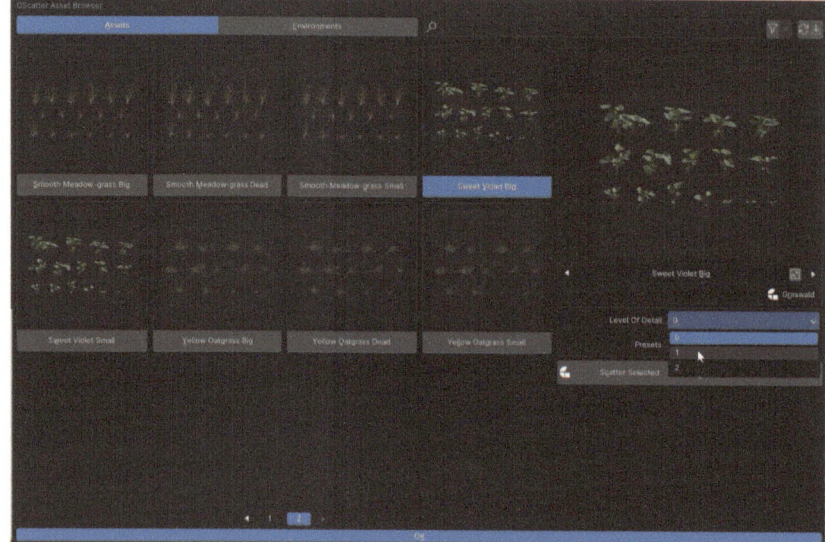

31 선택한 에셋이 plane에 불러와진것을 볼 수 있습니다.

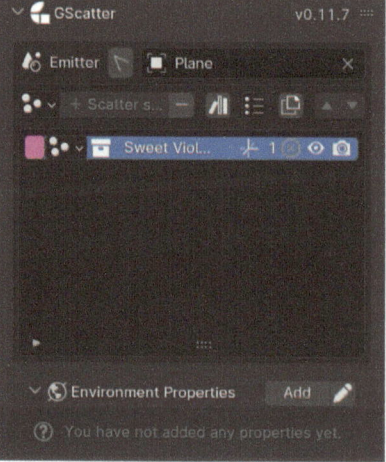

32 앞서 한것과 같이 설정창에서 상세 조절을 해줄 수 있습니다.
에셋만 불러올때는 하나하나 상세히 조절하여 꾸며주시면 됩니다.
Density를 조절하여 여러개를 분포해줍니다.

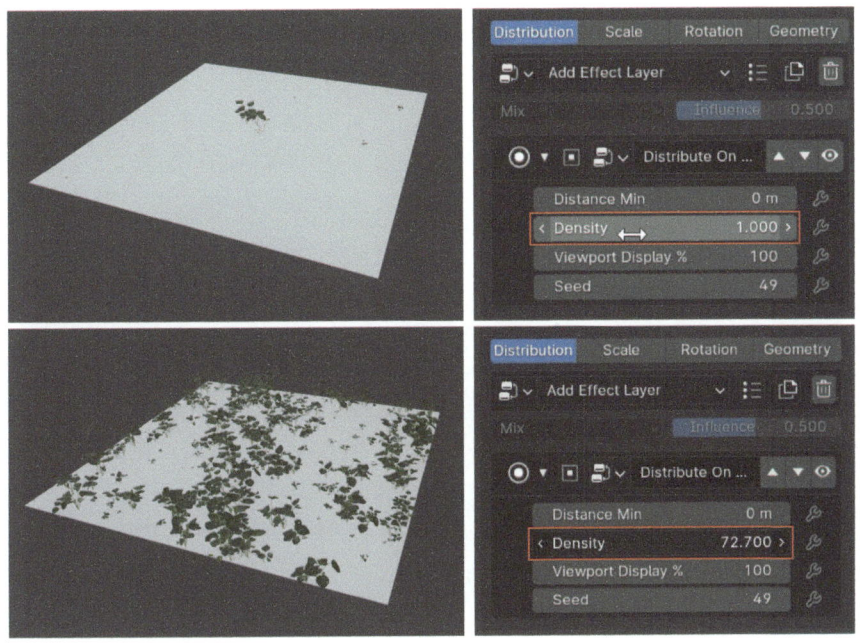

33 Viewport Display는 분포시킨 후 원하는 양에 따라 줄어들게할 수 있으며
또는 100퍼센트 다 보이게 조절할 수 있습니다.

08
SKY-LAB

08 Sky-Lab

현실적인 하늘과 분위기를 만들어주는 기능입니다.
구름, 안개 및 조명을 쉽게 생성할 수 있습니다.

BLENDER ADD-ONS   **149**

01 https://blenderlabs.gumroad.com/l/sky-lab 주소 또는 '**블렌더 skylab 애드온**'을 검색하여 들어갑니다.
Name a fair price에 0을 입력한 후 '**Purchase again**'을 눌러줍니다.

02 이메일 주소를 적은 후 **Get**을 눌러줍니다.

03 Download를 눌러 다운받아줍니다.

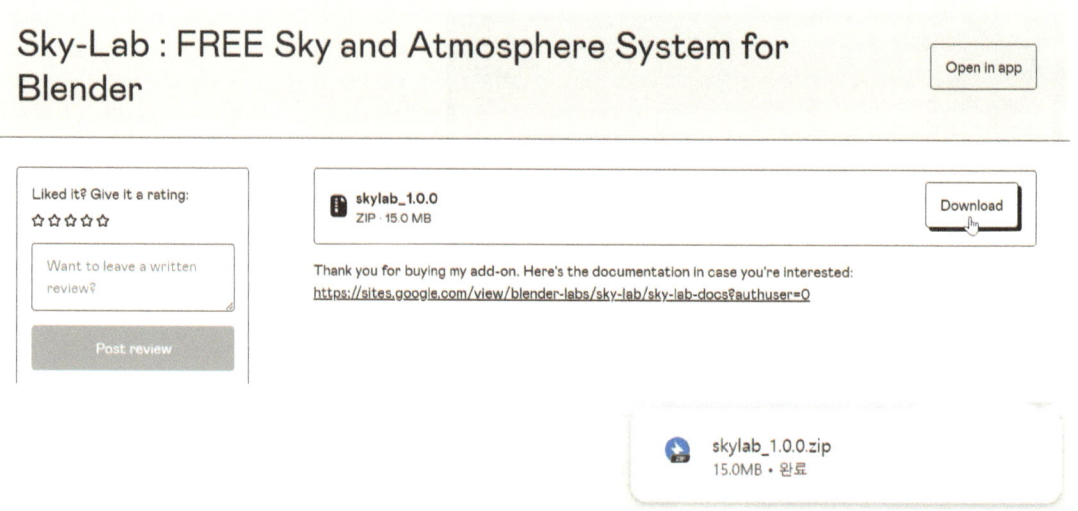

04 블렌더에서 **Edit - Preference - Add-ons**으로 들어가 **Install**을 눌러줍니다.
다운받은 **skylab zip파일**을 선택하여 Install Add-on을 눌러 불러온 후 박스를 눌러 체크표시하여 해당 애드온을 활성화시켜줍니다.

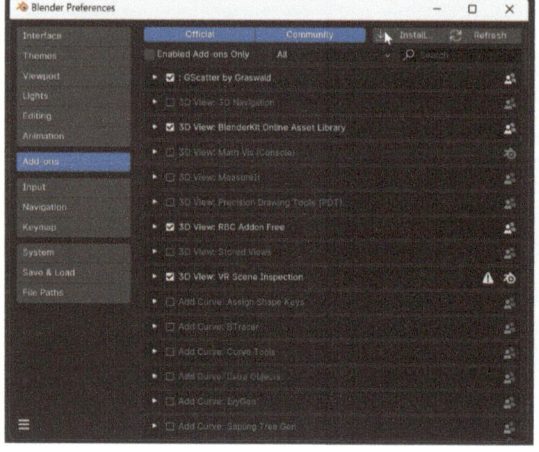
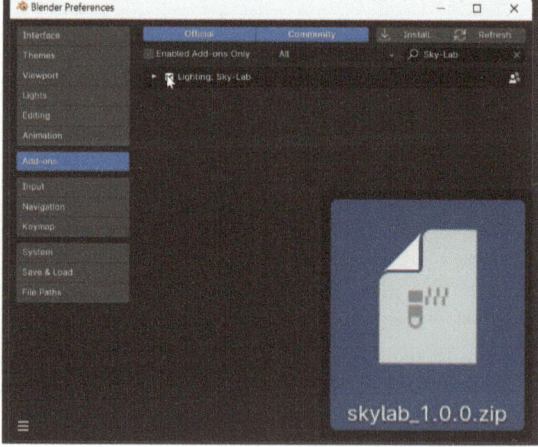

BLENDER ADD-ONS **151**

05 **skylab**의 **project settings**를 들어가면 **에러**가 나타나있는것을 볼 수 있습니다.

06 Render properties로 들어가 EEVEE를 **Cycles**로 바꿔주고 Device를 **GPU compute**로 바꿔준 후 **Denoise**를 체크해주면 에러가 해결됩니다.

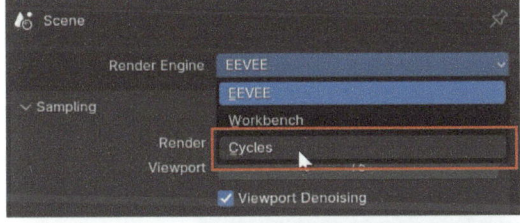
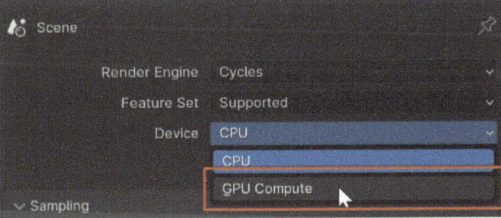
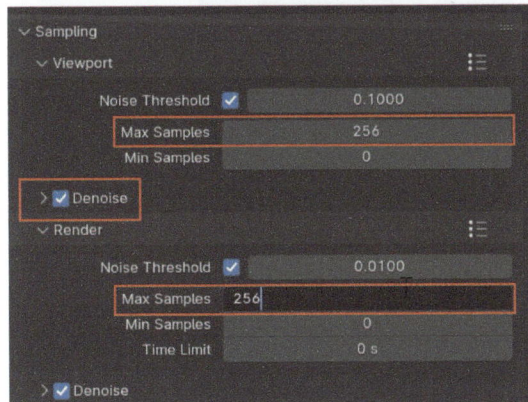

07 Rendered View로 뷰 시점을 변경해준 후 **Import Atmosphere**을 눌러줍니다. 아래의 사진과 같이 **스카이뷰**가 생성된것을 볼 수 있습니다.

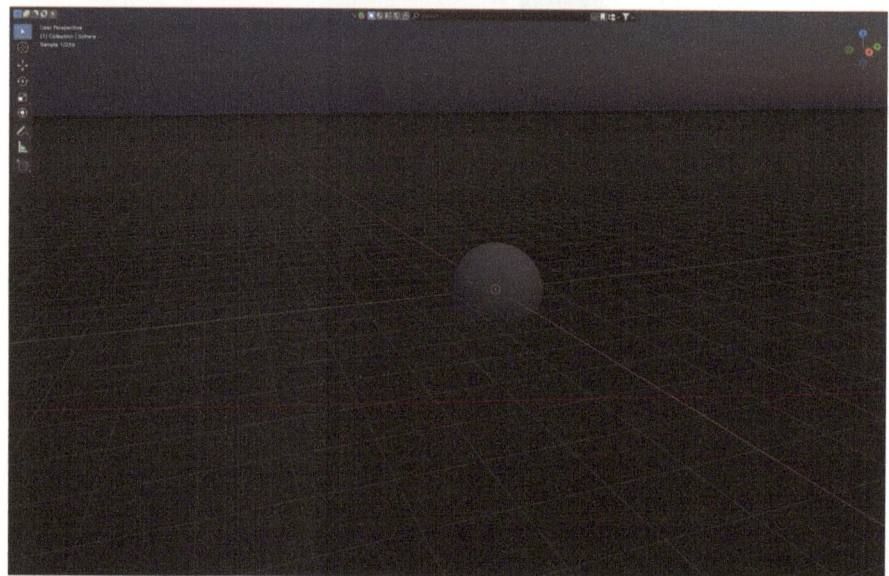

08 Sun setting의 **Sun Disc**를 눌러 꺼주면 해가 없어지는것을 볼 수 있습니다.

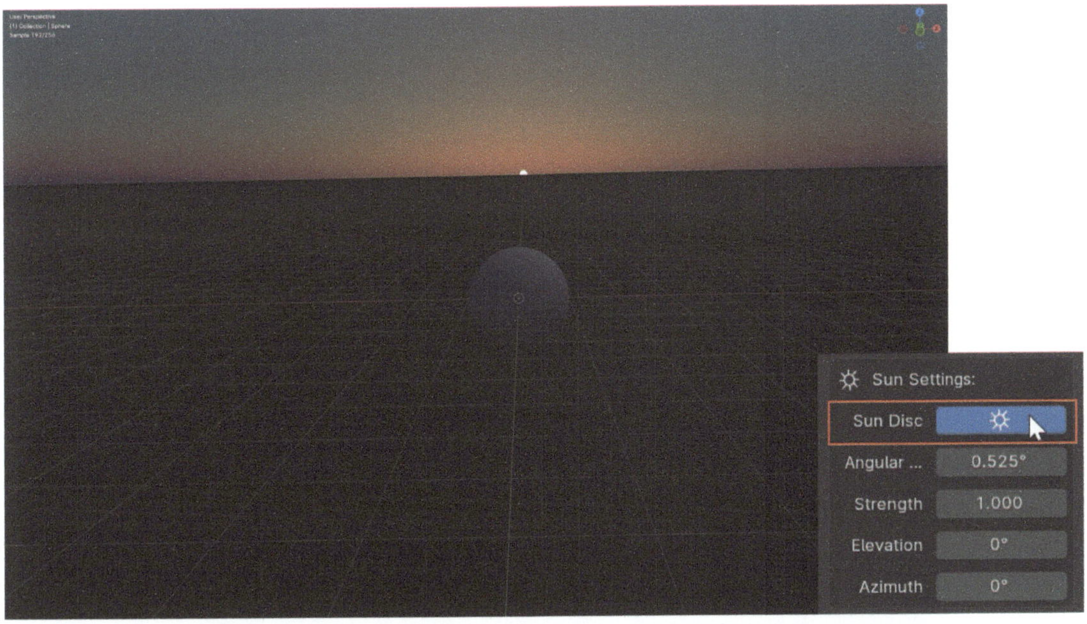

09 **Angular Diameter**은 **해의 크기**를 조절할 수 있게 해줍니다.

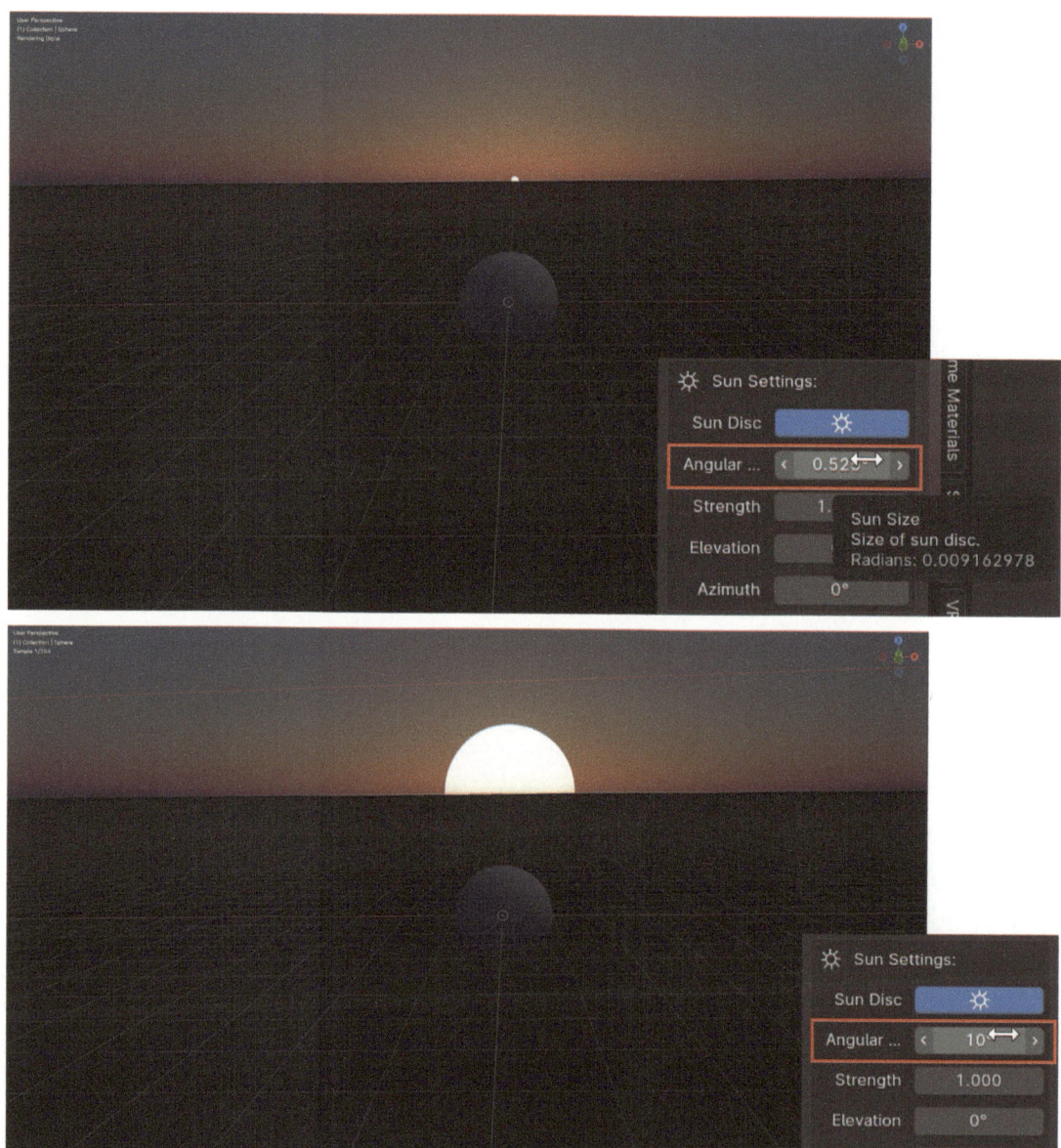

10 **Strength**는 태양의 강도를 높일 수 있습니다.

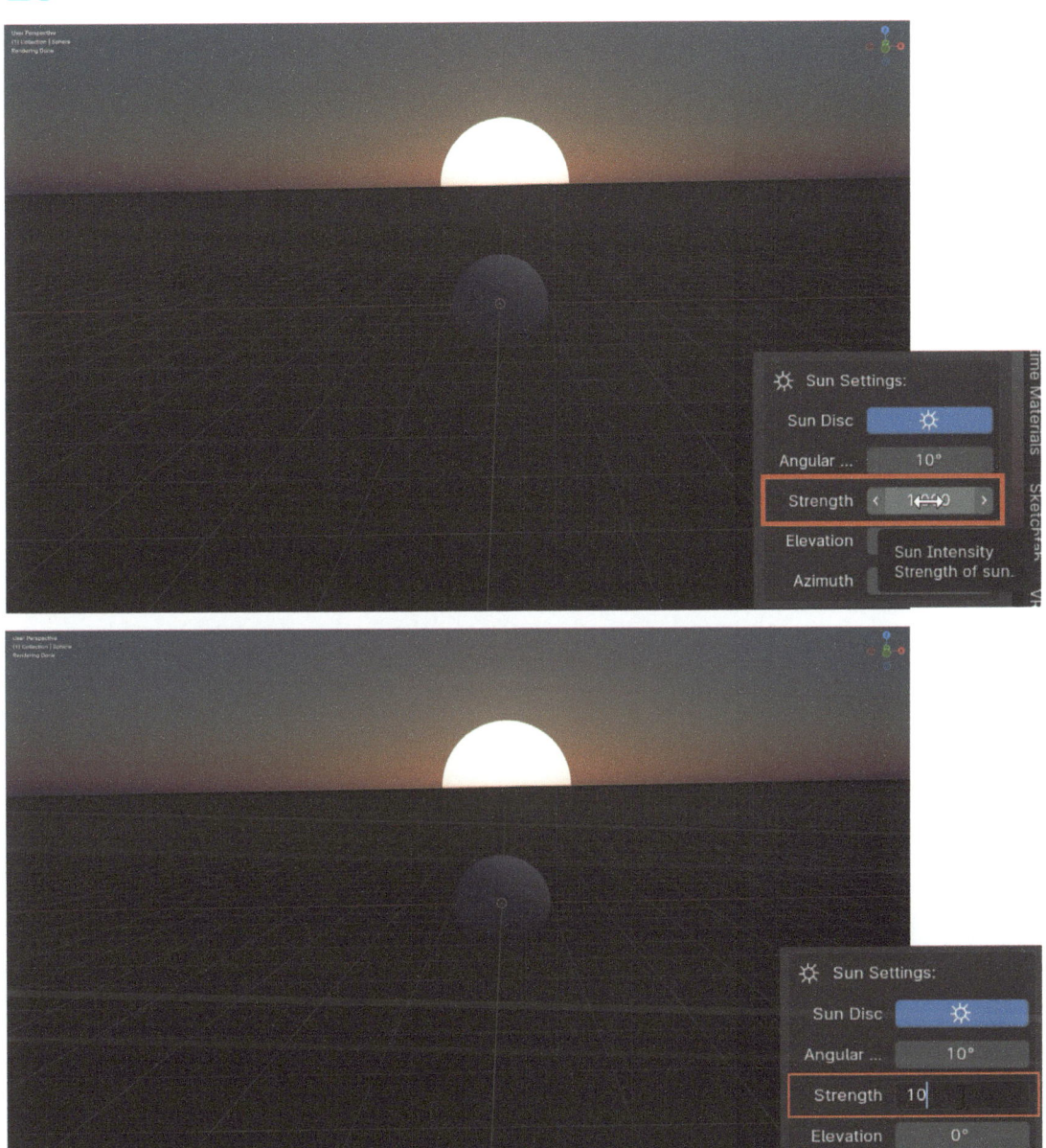

11 **Elevation**은(고도) 태양의 고도(수직 각도)를 변경해줍니다.
숫자의 값이 커질수록 해의 각도가 위로 올라가는것을 볼 수 있습니다.

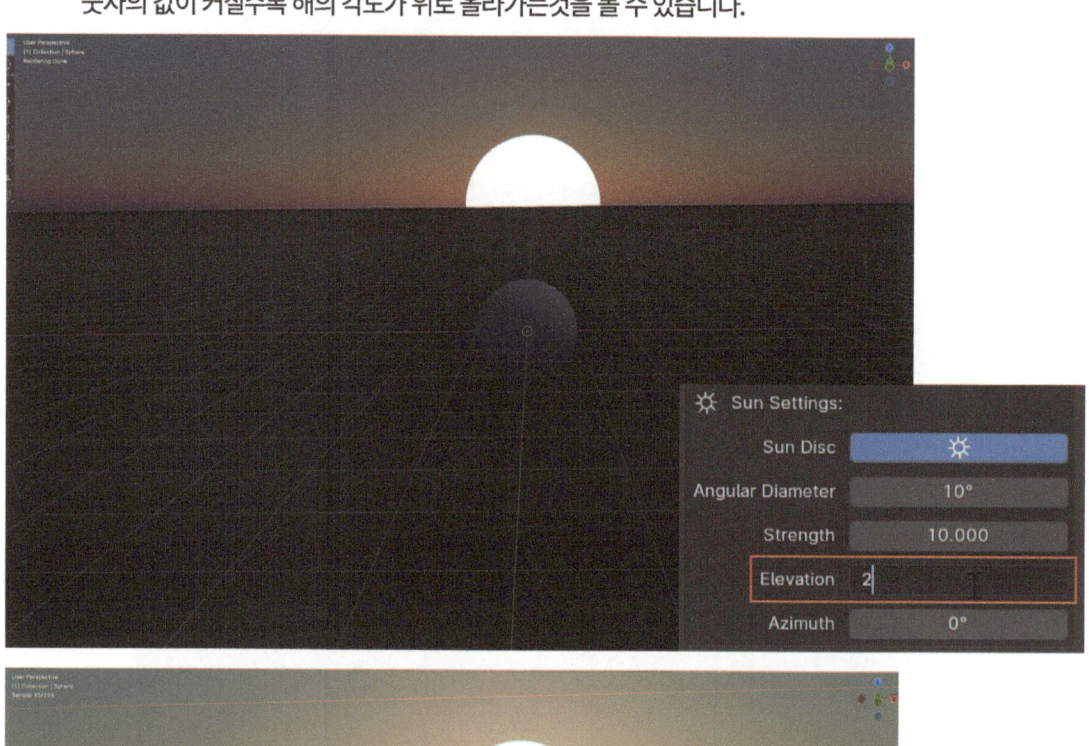

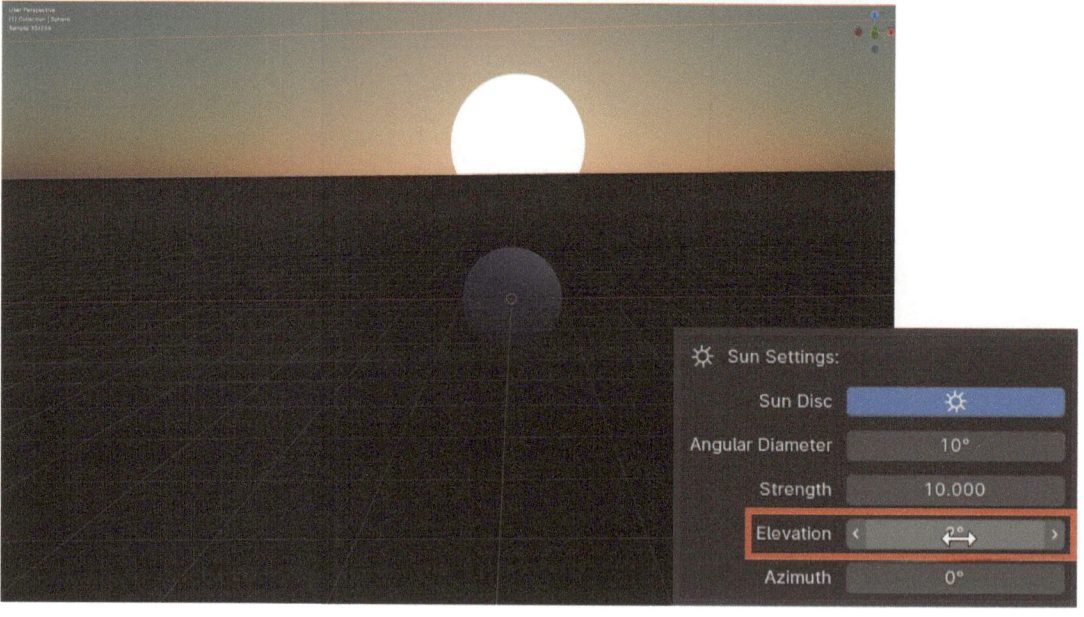

12 **Azimuth**는(방위각) 태양의 좌우 위치(수평 각도)를 조정해줍니다.
플러스는 오른쪽으로 이동, 마이너스는 왼쪽으로 이동시켜줍니다.

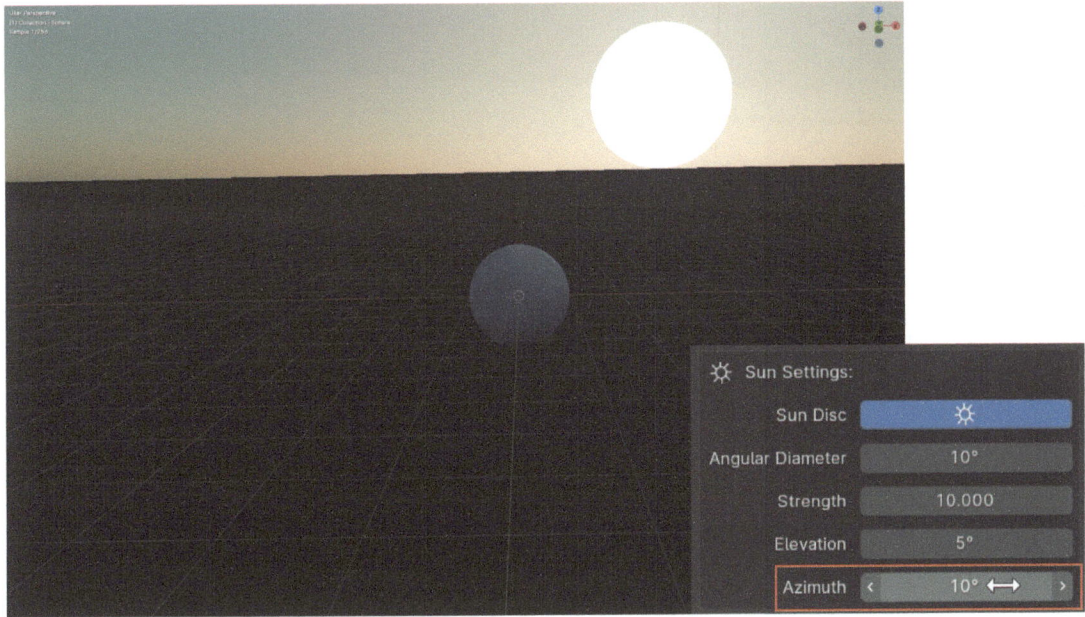

+우측 이동

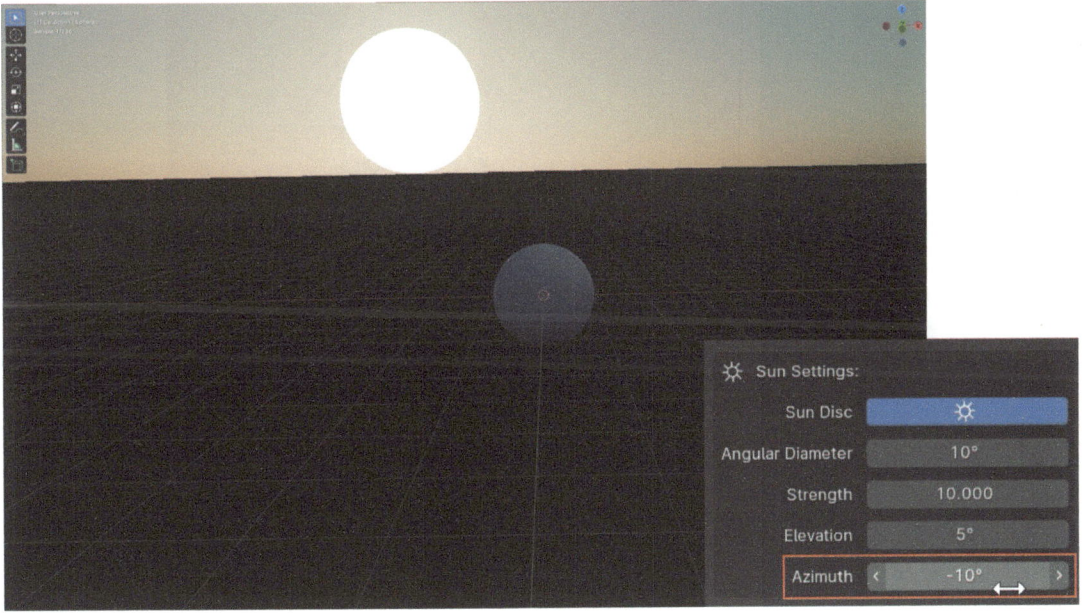

-좌측 이동

13 **Air은(공기)** 공기 분자의 밀도를 조절할 수 있습니다.
조절하며 색상 변화를 관찰할 수 있습니다.

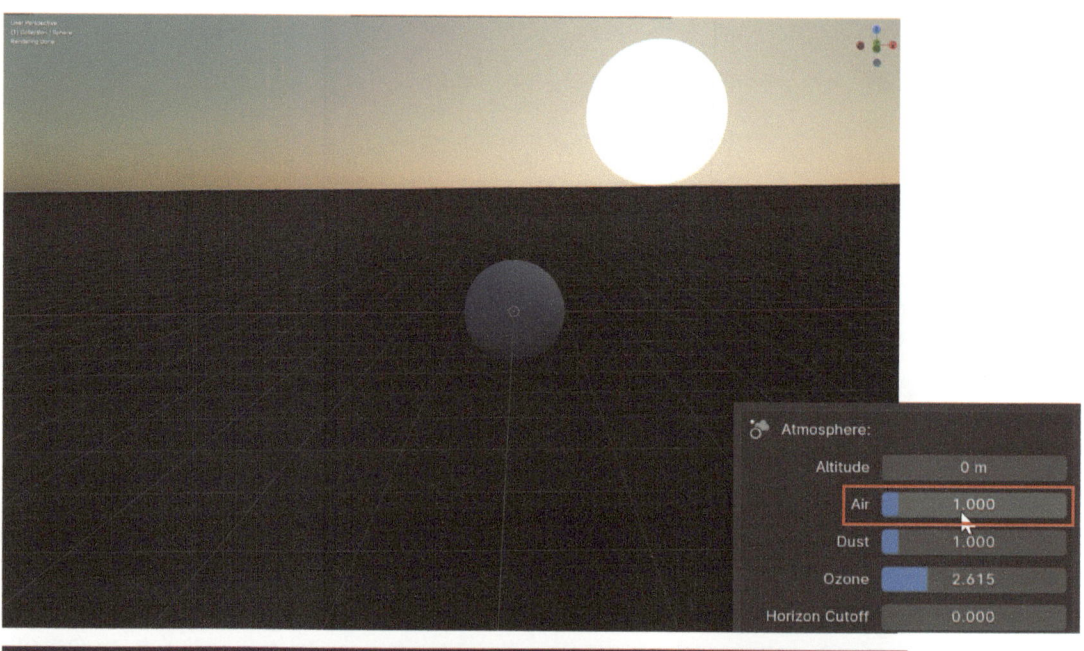

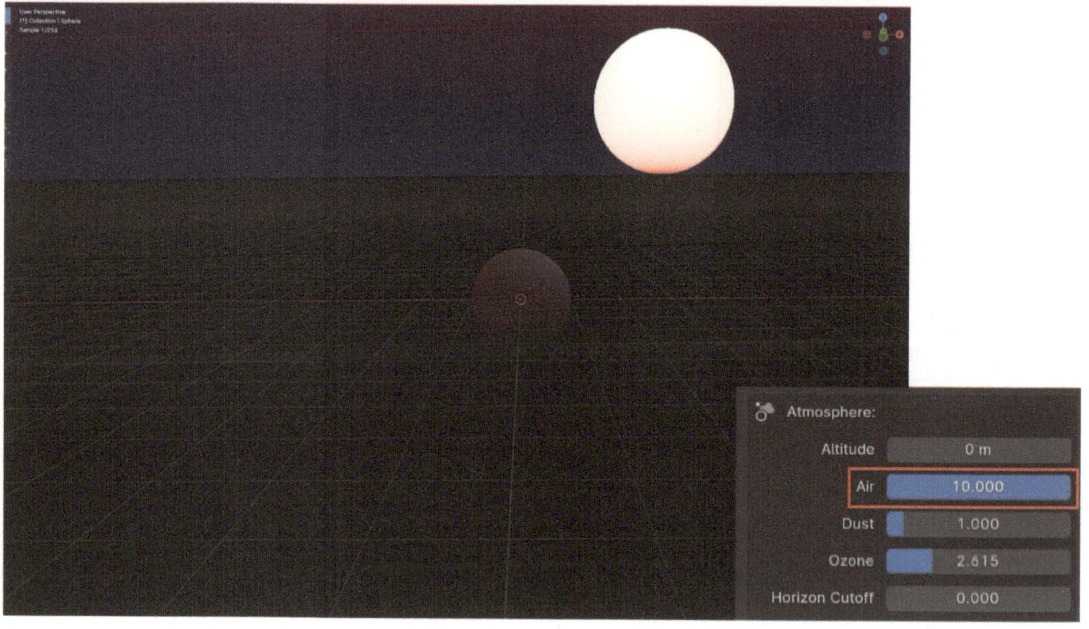

14 **Dust**는(먼지) **먼지 분자의 밀도**를 조절합니다.
값을 조정하면 태양 근처에서 어두운 그림자를 관찰할 수 있습니다.

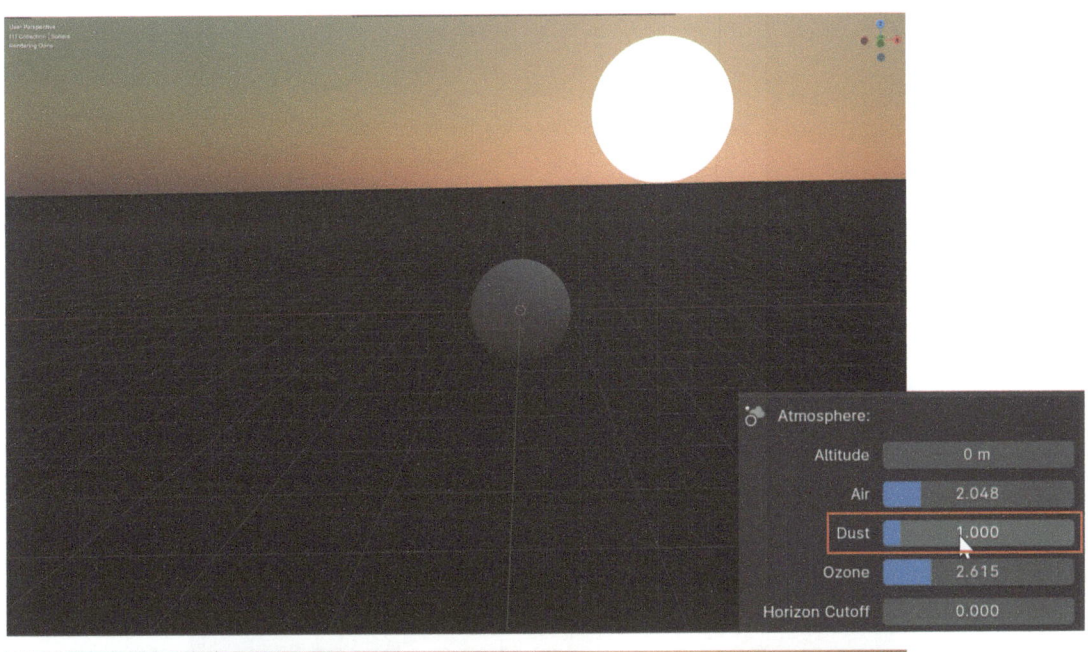

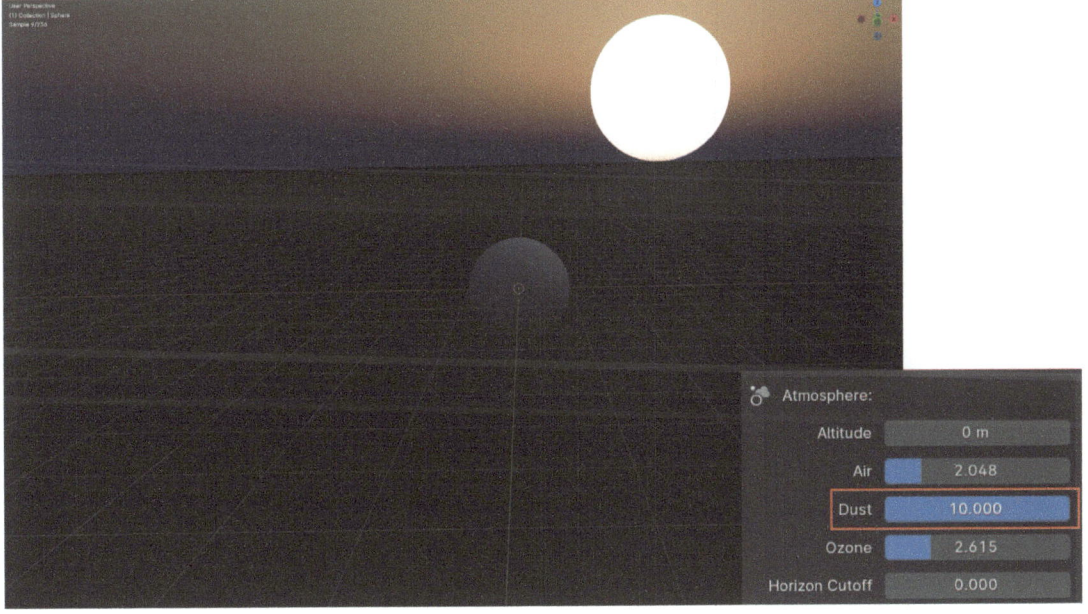

15 **Ozone**은(오존층) 오존층 값을 변경하면 **중간 강도가 감소하거나 증가합니다.**

16 **Colors**에서는 **하늘의 색상**을 변경할 수 있습니다.
Custom Color A를 원하는 색상으로 변경해주세요.

 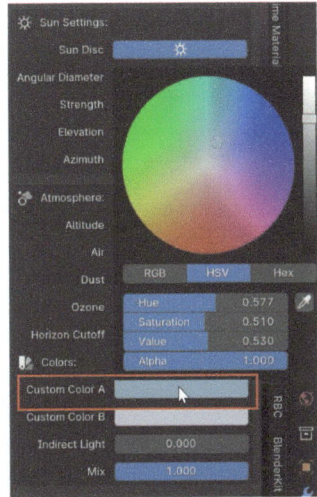

 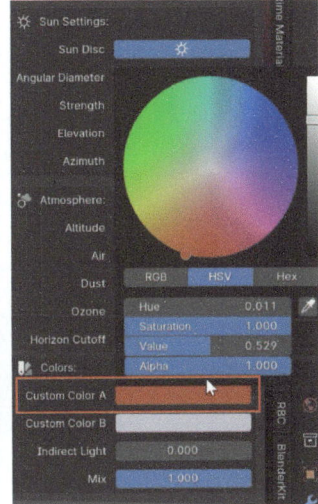

17 그 다음으로는 Custom Color B를 원하는 색상으로 변경해주세요.
그러면 하늘의 색상이 변화하는 모습을 볼 수 있습니다.
원하는 색상으로 다양하게 변화시켜보세요.

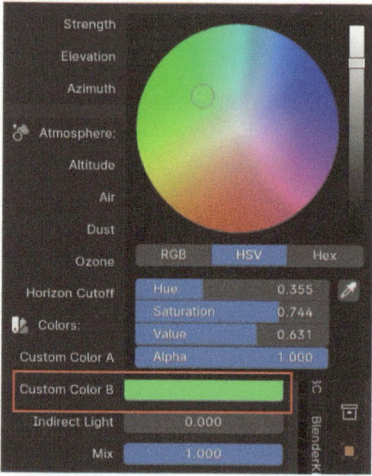

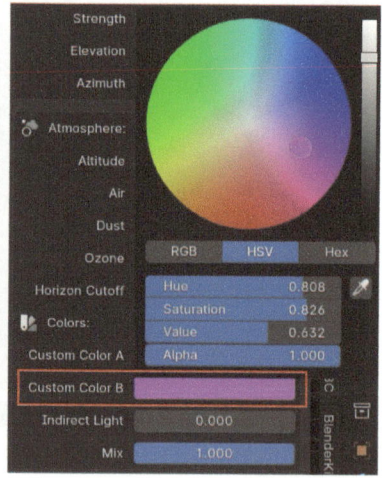

18 **Night Sky** 파트는 **갤럭시 설정**을 변경할 수 있습니다.
Galaxy Angle은 **은하계의 각도**를 변경할 수 있습니다.

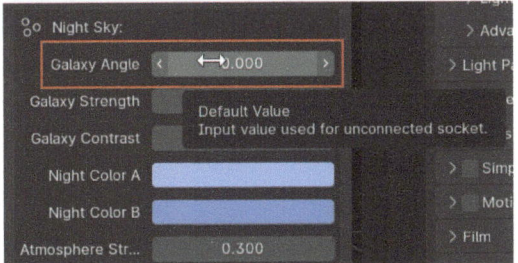

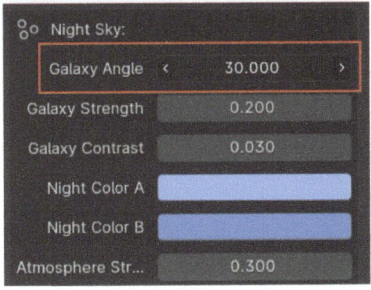

19 **Galaxy Strength**는 갤럭시 강도를 높일 수 있습니다.
강도를 높일수록 아래의 사진과 같이 galaxy가 많아지는 모습을 볼 수 있습니다.

20 **Night Color**을(색상) 변경할 수도 있습니다.

21 **Galaxy contrast**를 조정하여 **대비**를 줄 수도 있습니다.

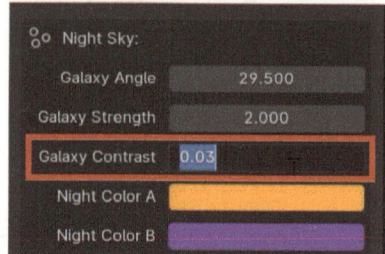

22 회전으로 하늘만 보이게 뷰를 변경해서 보겠습니다.
Galaxy Strength를 조절하여 변화된 모습들을 아래의 사진으로 보여드리겠습니다.

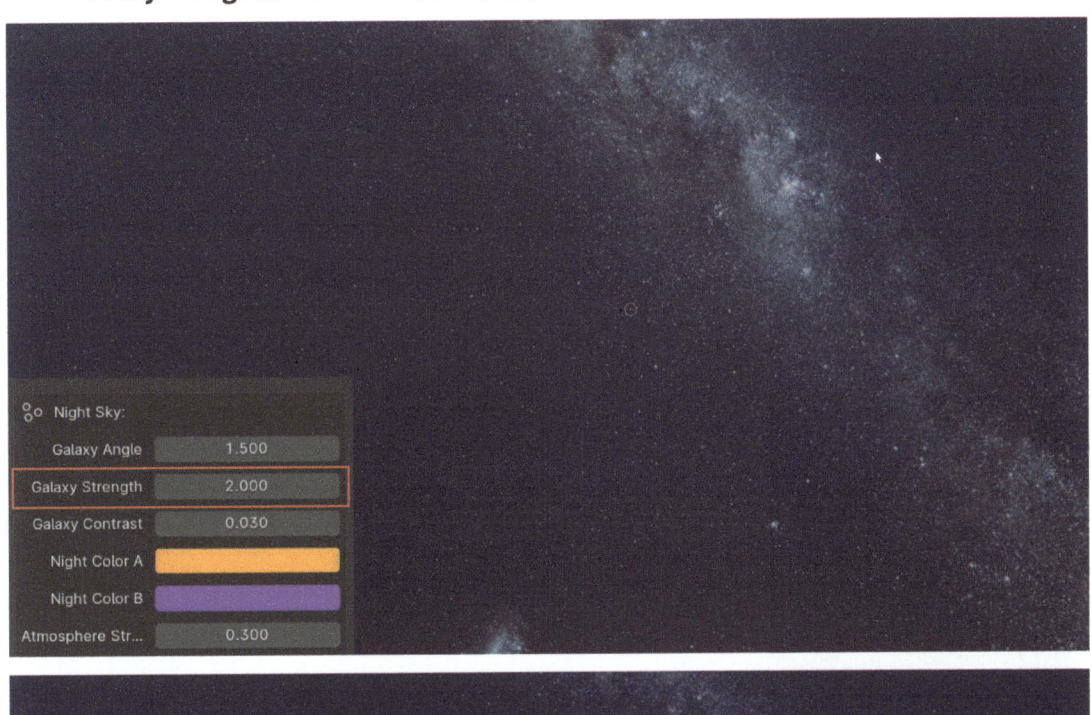

23 원하는 모습으로 다양하게 조절하여 멋진 모습들을 만들어보세요.

09
F-SPY

09 F-SPY

F-SPY Addon은 2d 이미지를 3d로 표현할 수 있게 만들어주는 Addon입니다.

01 https://fspy.io/ 사이트에 들어가서 Download 버튼을 클릭하면 다운로드 받을 수 있는 창이 나타납니다. 여기서 **fspy-setup-1.0.3.exe 파일을 다운로드**하면 됩니다.

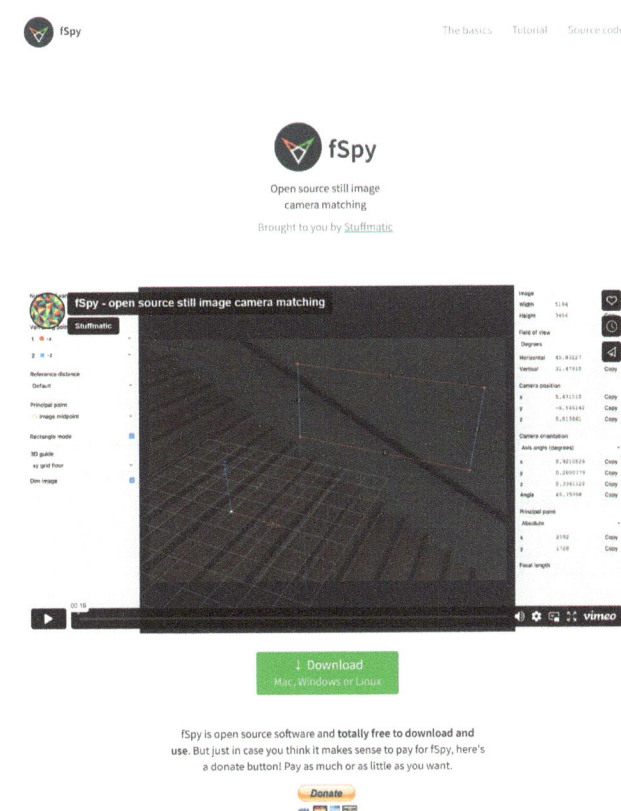

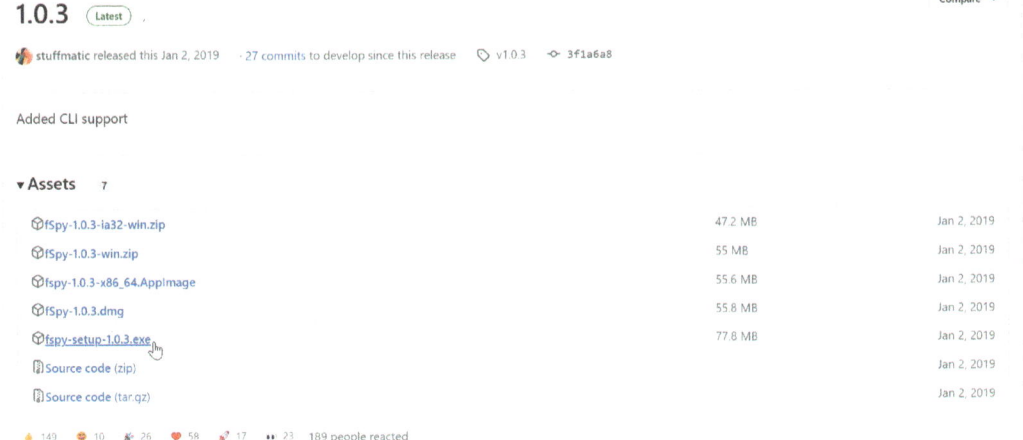

02 다운로드 받은 fspy파일을 실행하면 창이 나타납니다.
2d 이미지를 드래그 드롭합니다. 제공한 복도 이미지를 드래그 드롭하면 됩니다.
그러면 복도 사진이 들어간 상태로 여러 옵션창이 있는것을 볼 수 있습니다.

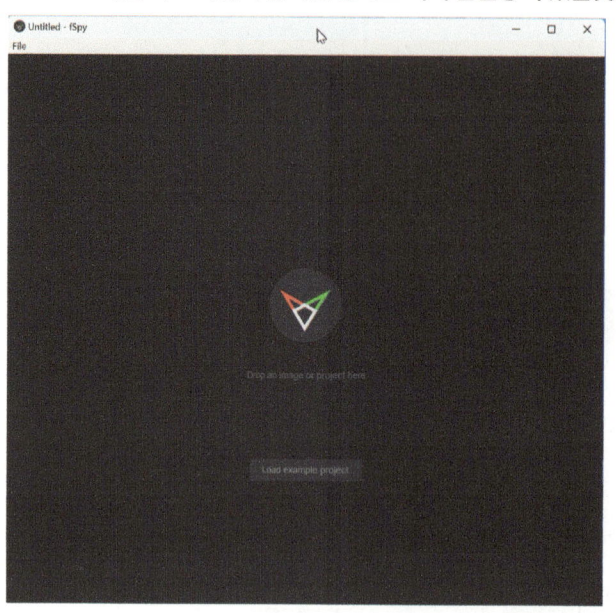

03 2d 이미지를 3d로 만들기 위해서는 **세개의 축을 조정해**주어야 합니다.
XYZ축을 2d 이미지에 맞춰주어야 합니다.
*x축은 빨간색, y축은 초록색, z축은 파란색

04 지금은 사진과 같이 X, Y축 2개의 축만 조절할 수 있게 되어있습니다.
Principal point에서 Manual을 **From 3rd vanishing point로 변경**해줍니다.
그러면 Z축이 추가되어 세개의 축을 조정할 수 있게 됩니다.
*XY축으로만 조정했을때 Box가 잘 나온다면 Z축을 추가할 필요는 없습니다.

05 X,Y,Z축을 사진의 선에 맞추어 지정해줍니다.
X, Y, Z축으로 조정이 되었다면 **3D guide에서 Box를 선택**하여 불러옵니다.
Box를 움직였을때 모양이 투시에 맞게 나타나는지 확인합니다.

06 이상없이 잘 나온다면 File - Save as로 저장을 해줍니다.

07 Fspy파일을 Blender로 불러오는 방법을 알려드리겠습니다.
https://github.com/stuffmatic/fSpy-Blender사이트에 들어갑니다.
초록색의 Code버튼을 클릭하여 Download Zip을 다운받아줍니다.

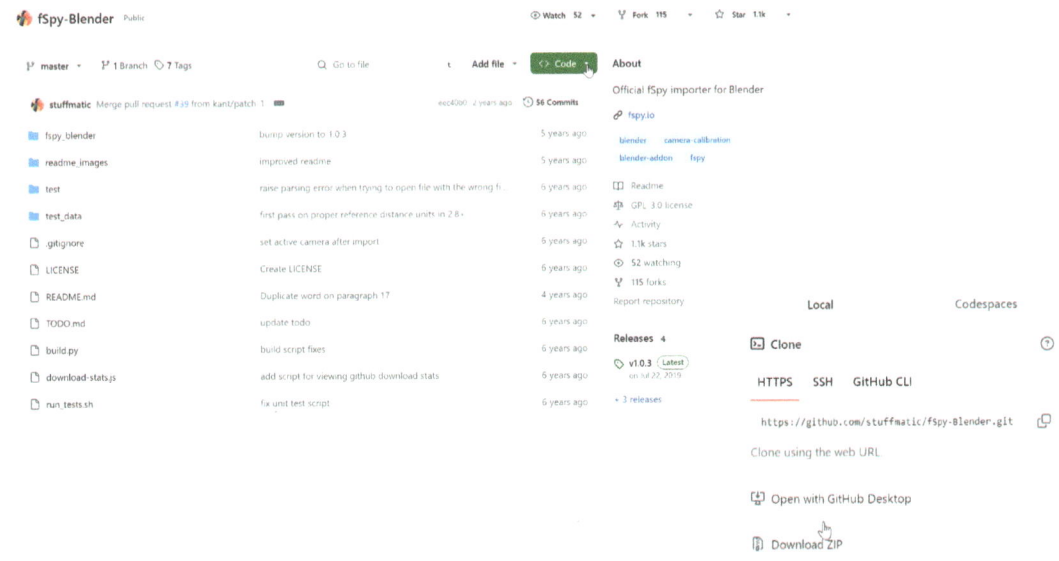

08 다운로드 받은 파일의 압축을 풀어줍니다.
압축을 푼 파일의 **fspy_blender파일을 Blender의 addons파일로 옮겨주어야 합니다.**
C:\Program Files\Blender Foundation\Blender 4.1\4.1\scripts\addons
-> 파일경로로 들어가줍니다.

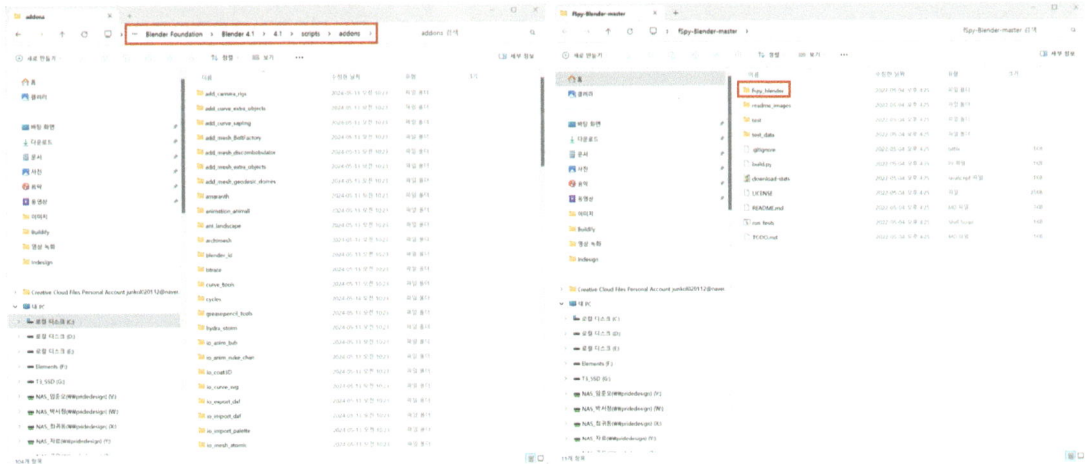

09 fspy_blender파일을 addons로 옮겨줍니다.
관리자 권한이 필요하다는 문구가 나타나는데 계속 버튼을 클릭하면 됩니다.

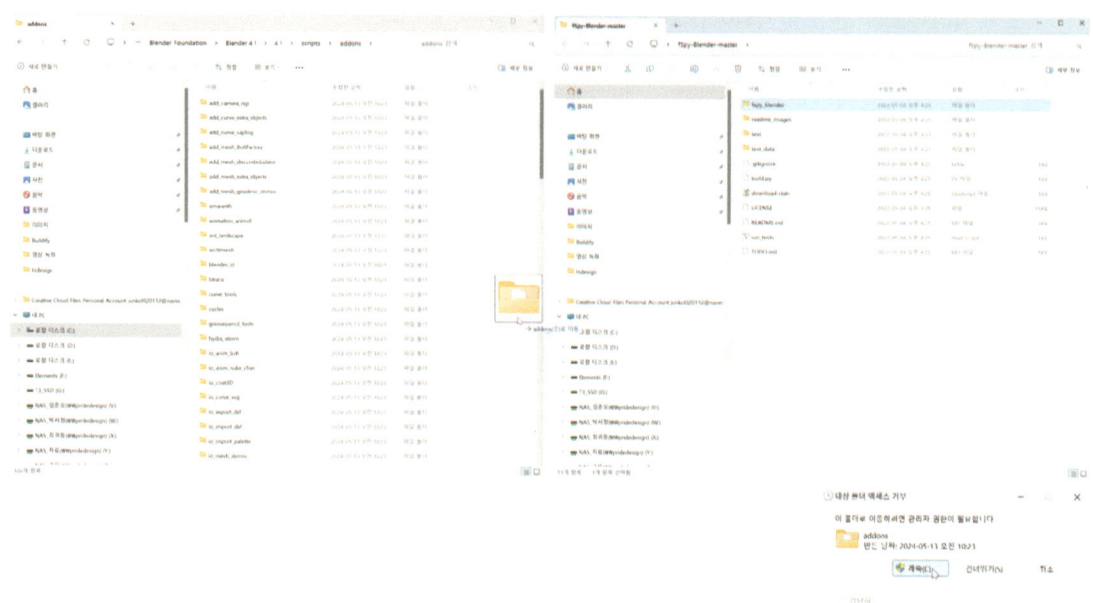

10 Blender로 들어가서 Edit - Preferences - Add-ons에 fspy을 입력한 후 **Import fSpy project**에 체크 해주면 됩니다.
그러면 File - Import - fSpy를 클릭하여 fspy파일을 불러올 수 있게 됩니다.
저장한 복도.fspy파일을 불러오도록 합니다.

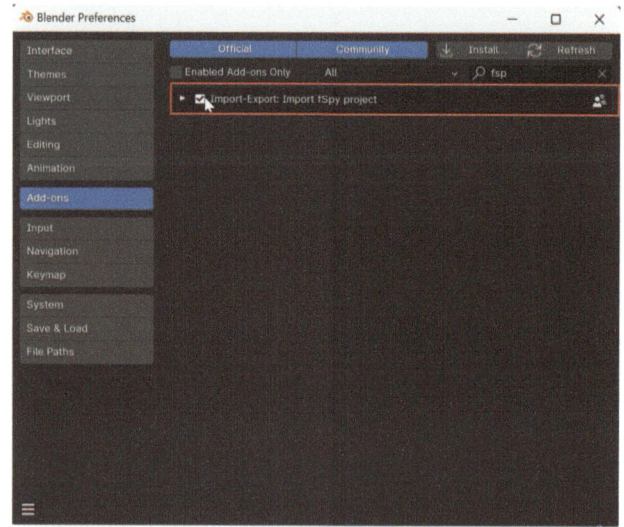
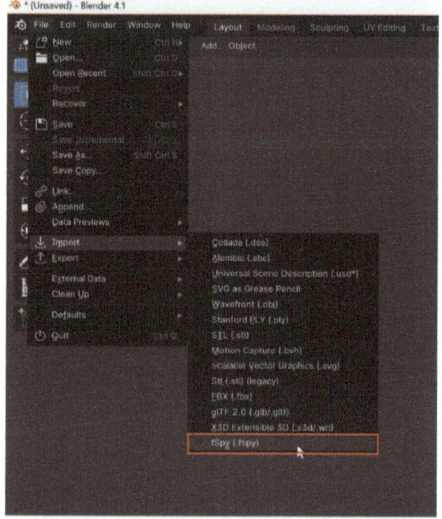

11 Cube를 생성하여 y축으로 움직여봅니다.
투시에 맞게 Cube가 움직이는것을 볼 수 있습니다.
마지막으로 여기에 카메라를 추가하여 안으로 들어가는 장면을 만들어보겠습니다.

12 지금 현재 보이는 이미지는 2d이기 때문에 3d로 만들어 주겠습니다.
plane을 생성하여 화면에 보이는 이미지에 맞게 벽을 만들어줍니다.

 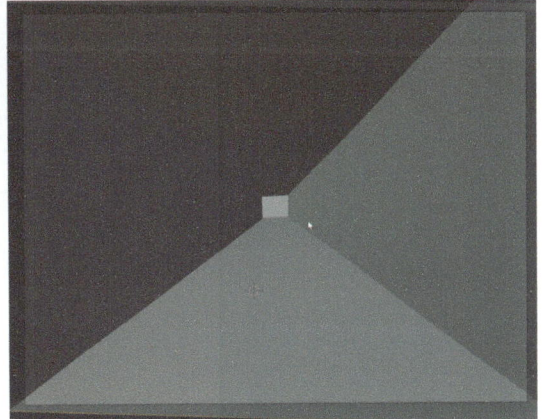

13 Plane으로 만든 벽에 2d 이미지를 매핑하여 텍스쳐를 입혀주겠습니다.

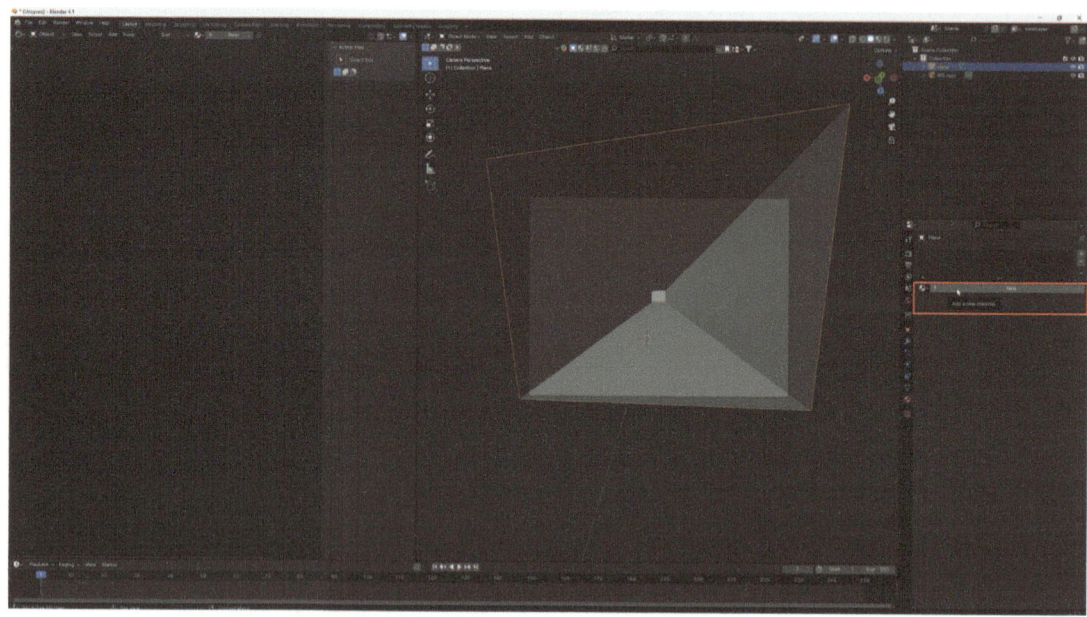

14 기존에 있던 Principled Shader 노드를 지워주고 **Image Texture 노드**를 생성합니다.
New 옆의 이미지 아이콘을 클릭하여 복도.fspy 파일을 선택합니다.
*매핑이 제대로 되어있지 않기때문에 Scene view로 보면 이상하게 보일것입니다.

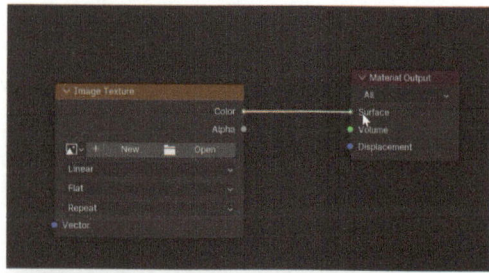

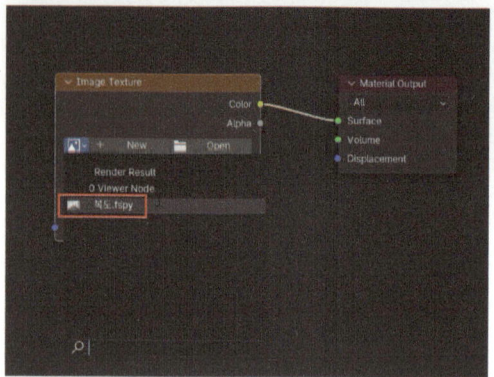

15 Repeat을 Clip으로 변경시켜줍니다.

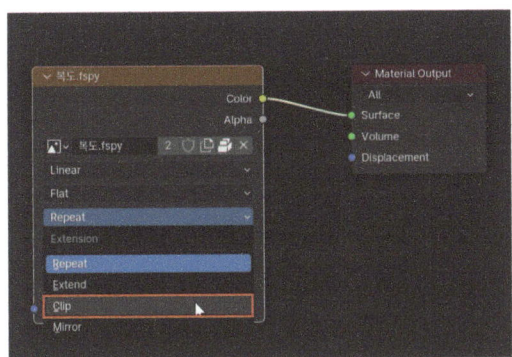

16 Modifiers에서 **Edit - UV Project**를 선택합니다.
UV Map 옵션에서 UVMap을 선택합니다.
Object옵션에서 복도.fspy를 선택합니다.

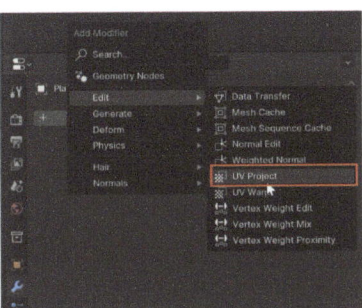
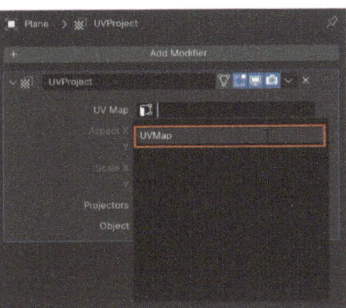
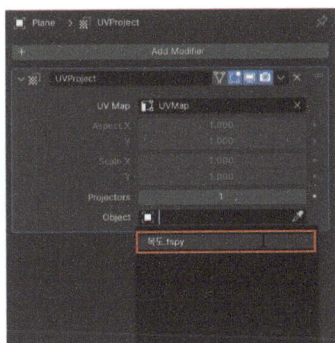

17 복도.fspy 파일의 **이미지 크기를 UVProject에 맞게 설정**해주어야 합니다.
복도 이미지의 사진크기를 보면 1200*900입니다.
이 값을 **UVProject의 Aspect X Y 값**에 넣어주면 됩니다.

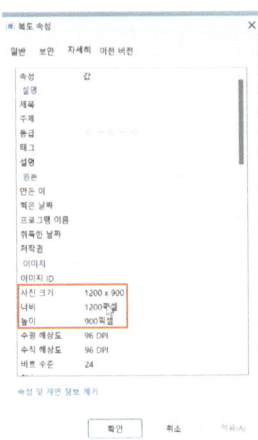
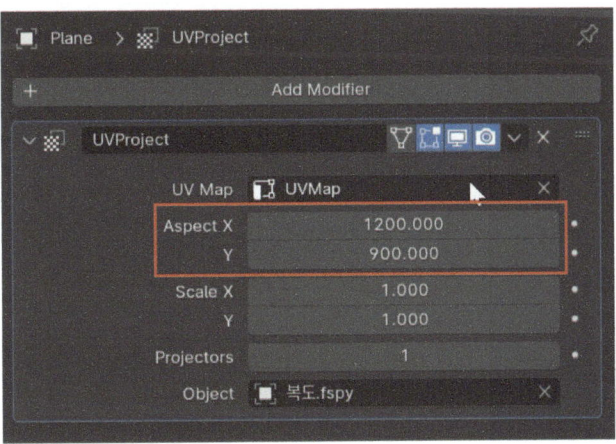

18 이미지 크기를 맞추었음에도 불구하고 Scene view를 보면 제대로 보이지 않는 것을 알 수 있습니다. **Plane의 면이 세분화가 충분히 되어있지 않기 때문**입니다.
Generate - Subdivision Surface를 적용시켜 Levels Viewport/Render를 5로 조정하고 Simple을 클릭합니다.
Subdivision으로 면을 세분화시키고 UVProject으로 텍스쳐를 입혀야하기 때문에 Subdivision을 UVProject 위로 옮깁니다.

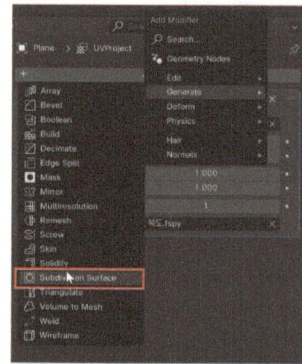
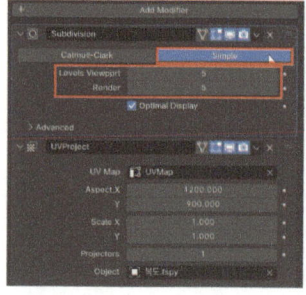

19 마지막으로 Camera를 생성하여 안으로 들어가는 애니메이션을 잡아주면 끝입니다.

10
CAMERA SHAKIFY

10 Camera Shakify

Camera Shakify Addon은 카메라에 흔들림을 추가해주는 기능입니다.

01 기존에 Camera를 생성하고 움직이는 animation을 만들 때 Camera animation이 다소 밋밋한 느낌을 받는 경우가 있습니다.
Camera Shakify Addon을 사용하면 버튼 하나만으로 이미 세팅되어있는 **흔들림 옵션을 선택하여 쉽고 간편하게** Camera에 흔들리는 animation을 추가해줄 수 있습니다.

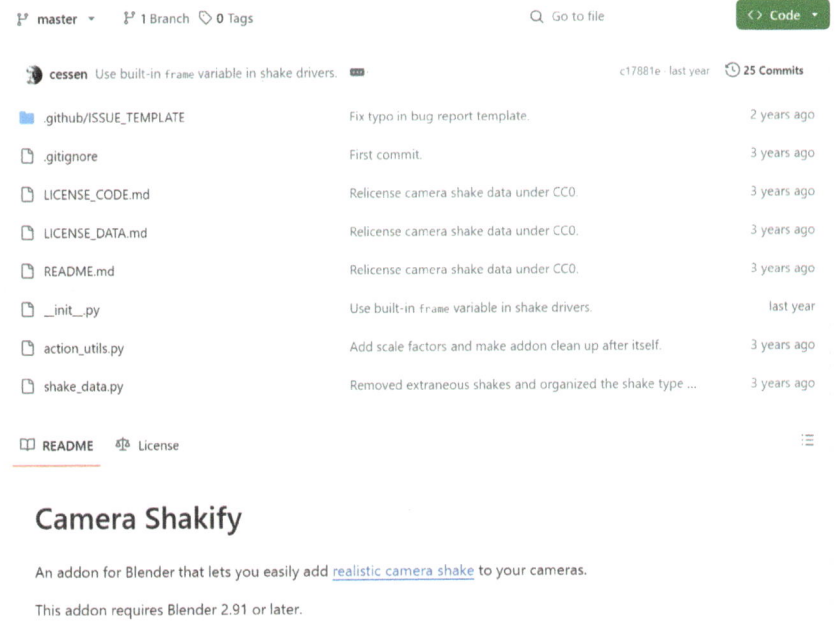

02 Camera Shakify Addon을 설치하는 방법은 간단합니다.
https://github.com/EatTheFuture/camera_shakify 사이트에 들어가서 초록색의 Code버튼을 클릭하여 Download.ZIP을 다운받아주면 됩니다.

03 Blender에서 Edit - Preferences -> Install을 클릭하여 다운받은 camera_shakify-master.zip파일을 선택하여 Install Add-on을 클릭합니다.
그러면 **Animation: Camera Shakify**칸이 나타나게 되며 체크 해제 되어있는데 선택하여 체크해주면 됩니다.

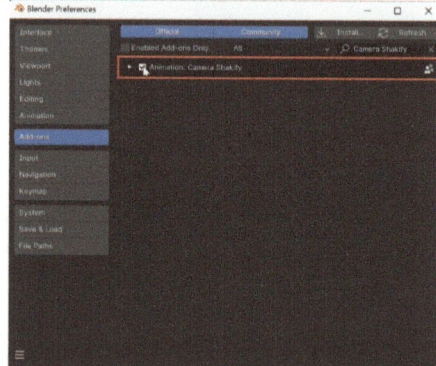

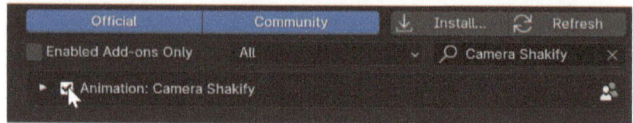

04 Camera Shakify를 사용하기에 앞서 **Camera와 배경을 배치**해주어야 합니다.
먼저 Blenderkit에서 Scene을 불러오겠습니다.
Parking lot Scene파일을 불러오도록 하겠습니다.

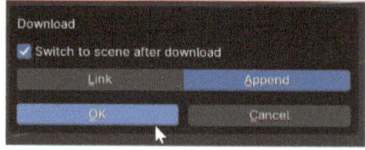

05 Parking lot scene을 불러왔다면 Camera를 불러오도록 합니다.

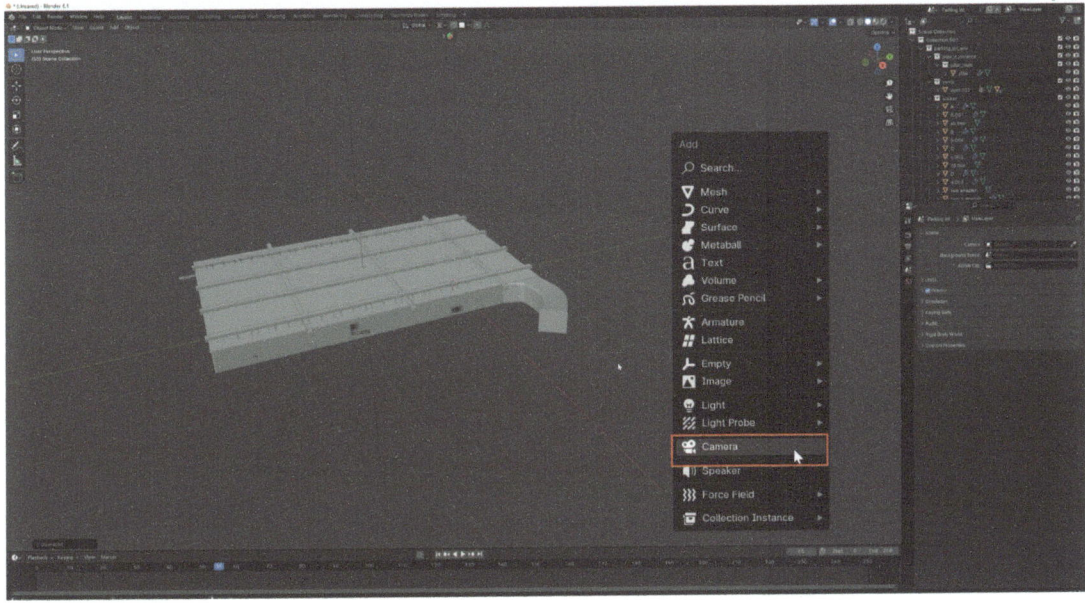

06 Camera view로 보면서 원하는 장면을 잡아주면 됩니다.

07 Camera에 움직이는 animation을 만들어줍니다.
0~60 frame동안 앞으로 가는 camera animation을 만들어주었습니다.

08 Camera Shakify는 **Camera의 Data탭**에 있습니다.
여기서 +버튼을 클릭하여 Camera의 흔들림 옵션을 추가할 수 있습니다.

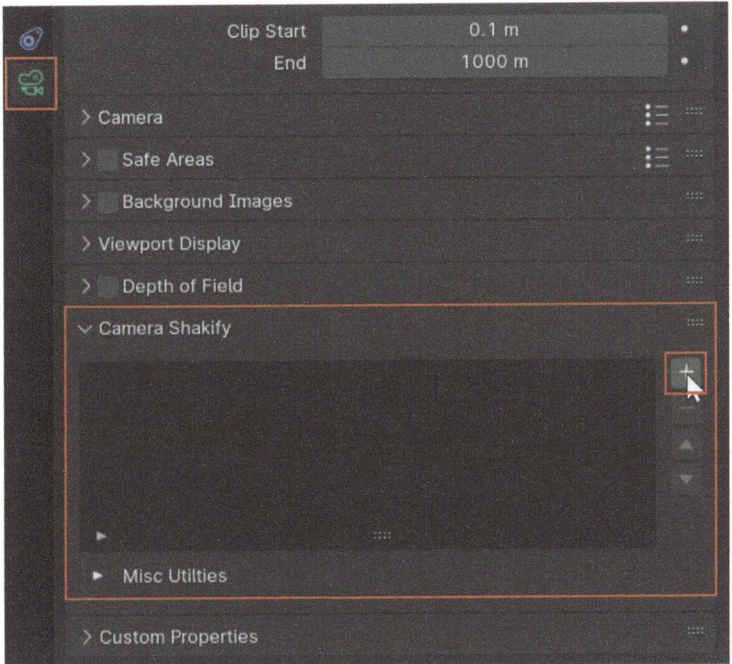

09 **Shake를 클릭하면 여러 흔들림 옵션**이 있는것을 볼 수 있습니다.
각각 한번씩 클릭하여 animation을 재생시켜보면서 Camera가 어떤 흔들림을 보이는지 봅니다.

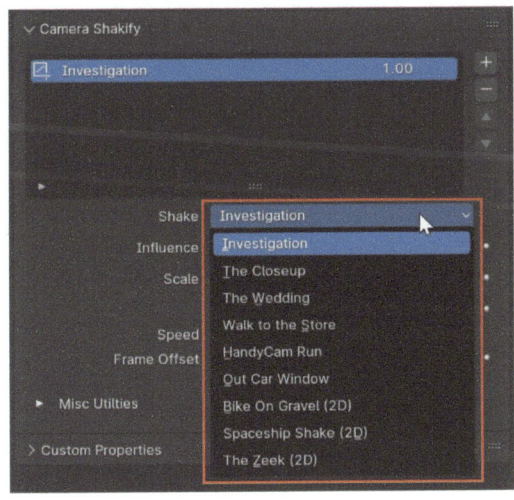 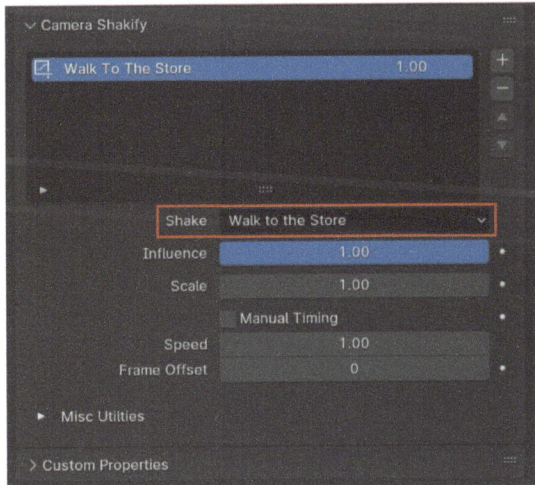

10 Shake에서 여러분이 가장 마음에 드는 옵션을 하나 선택해줍니다.
Influence는 **영향값**입니다.
적으면 흔들리는 영향이 줄어들고, 크면 흔들리는 영향이 늘어납니다.
Speed는 **속도**입니다.
2,3 으로 올리게 되면 Animation이 빨라지게 되고,
0.5정도로 줄이게 되면 매우 부드럽고 느린 애니메이션을 얻을 수 있습니다.

 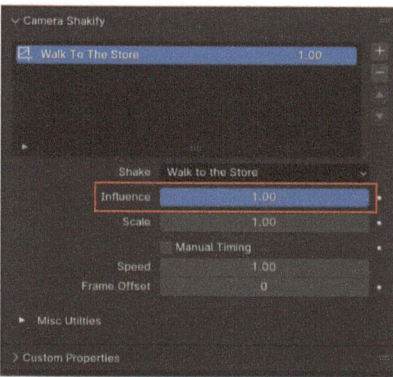

 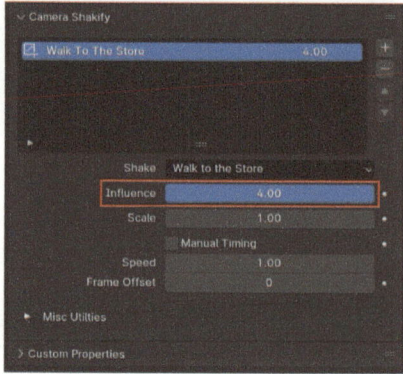

11 +버튼을 한번 더 누르게 되면 Camera 흔들림 유형이 하나 더 나오게 됩니다.
그러면 **Camera 흔들림 유형이 2개**가 되는데 이것을 이용하여 **전환효과**를 나타낼 수 있습니다.

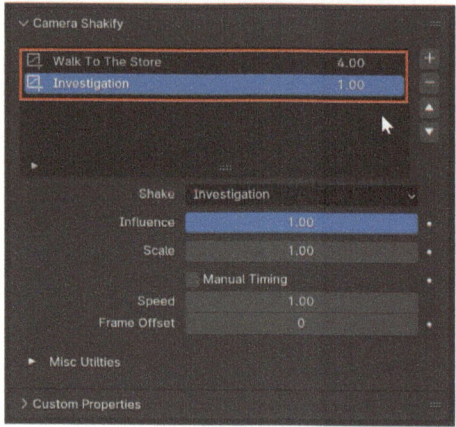

12 Camera 흔들림 유형중에서 하나는 Influence 값을 0으로 나타내어 흔들림을 나타내지 않도록 하고 다른 하나의 유형에는 값을 적어서 나타나게 만듭니다.
그러면서 전환되는 frame에 흔들림을 나타낸 유형의 Influence는 값을 0으로 줄이고
값이 0 이었던 흔들림 유형의 값을 높여서 전환시켜줄 수 있습니다.

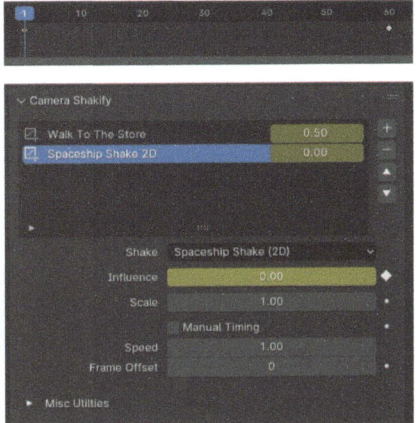

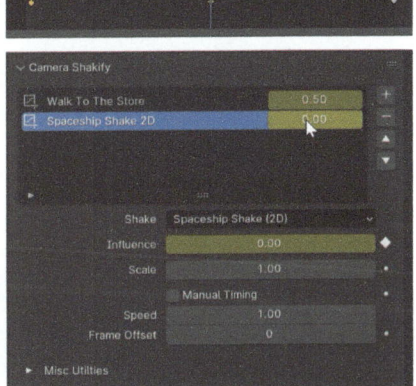

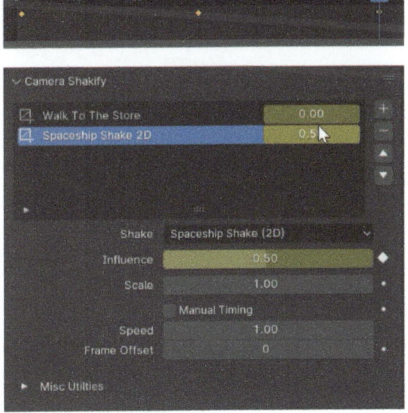

BLENDER SHORTCUT

공통 단축키

단축키	기능
ctrl+C	복사
ctrl+V	붙여넣기
shift+마우스 우클릭	3D 커서 이동
shift+S	3D 커서 위치 팝업 열기
shift+C	3D 커서 원점으로 이동
ctrl+Z / shift+ctrl+Z	이전으로
A	모두 선택
G	이동
R	회전
S	규모, 스케일
N	사이드바 열고 닫기
T	툴바 열고 닫기
X, delete	삭제
Q	즐겨찾기
Z	셰이딩 메뉴 팝업 열기
alt+Z	엑스레이모드 켜기(오브젝트 반투명화)
Tab	오브젝트 모드 ↔ 에디트 모드로 * 1개 이상의 오브젝트를 선택한 상태에서만 작동합니다.
/	선택한 오브젝트만 보기
ctrl+F2	오브젝트 이름 한 번에 변경하기

오브젝트 모드 단축키

단축키	기능
ctrl+P / alt+P	부모 자식 관계 설정
ctrl+A	좌표/회전/스케일 값 적용
F9	오브젝트 생성 후 하단에 설정 창 사라졌을 때 다시 열기
shift+D	오브젝트 복사
M	콜렉션(그룹)화

에디트 모드 단축키

단축키	기능
ctrl+B	베벨
ctrl+shift+B	버텍스 베벨
shift+D	선택한 버텍스/엣지/페이스 복사
alt+클릭	루프 컷, 엣지 추가하기
E	돌출
F	채우기
I	인셋페이스
L	연결된 모든 면 선택
M	병합
P	다른 오브젝트로 분리
V	연결된 버텍스/엣지 분리
Y	떼어내기
1/2/3	버텍스/엣지/페이스 선택 모드 변경

뷰포트 단축키

단축키	기능
ctrl+alt+Q	화면 4분할로 보기
ctrl+space / ctrl+alt+space	현재 선택한 에디터 화면 크게 보기
Num .	선택한 오브젝트 확대
Num 1	-Y축 뷰
Num 3	X축 뷰
Num 2,4,6,8	뷰포트 화면 회전

애니메이션 단축키

단축키	기능
I	키프레임 삽입
alt+I	키프레임 삭제
shift+alt+I	모든 키프레임 삭제

책에 설명되어 있지 않은 단축키는 블렌더 **탑바에서 메뉴얼**을 확인하세요.
블렌더에서 기본적으로 제공하는 단축키 외에 단축키 수정하거나 추가로 등록하고 싶으신 분들은 **편집 - 환경설정 - 키맵**에서 등록하여 사용할 수 있습니다.

주의

블렌더 단축키가 실행되지 않아요!

블렌더에서 단축키는 언어 설정이 영어일때만 작동됩니다. 단축키가 실행되지 않을 때는 키보드의 한영키를 눌러 언어 설정을 영어로 변경해 주세요.
새롭게 생성한 오브젝트의 이름을 변경한 후 바로 한영키를 누르는 습관을 가지거나 오브젝트의 이름을 영어로 설정하는 것을 추천합니다.